50 ans de l'OGS

L'histoire du sport à Grande-Synthe

Thierry FATOU

Co&réa
Illustration de couverture
Texte et mise en page
Thierry FATOU

© 2013-2017 – Thierry FATOU
skriptom@gmail.com

ISBN : 9782322081639

9 782322 081639

Cet ouvrage est dédié à tous les artisans du sport Grand-Synthois,
des petites mains absolument nécessaires sans lesquelles rien ne peut se faire,
à tous les dirigeants des clubs qui ont souvent été des petites mains et sont parfois
devenus de grands Manitou dans leur discipline.
Ils sont depuis cinquante ans les acteurs de la fabuleuse aventure
du sport Grand-Synthois. C'est leur histoire qui est racontée ici.

" Le sport va chercher la peur pour la dominer, la fatigue pour en triompher, la difficulté pour la vaincre. "

Pierre de Coubertin

Thierry FATOU

50ans

de l'OGS

L'histoire
du sport
à Grande-Synthe

Table

❖ L'OGS a vingt ans, l'ASTV apparait dans la petite lucarne
❖ Bruno Wojtinek, un destin brisé
❖ Ne rentre pas à la maison si tu es président !

Les années 90, une décennie de jeunes talents

❖ Comme un lion qui s'en va
❖ Dans la constellation du basket, Domi,
  un fragment d'étoile de Marles-les-Mines
❖ Le foot et la natation voient tout en grand
❖ Des pieds et des mains pour être bien dans sa tête et dans son corps.
❖ 1997, l'OGS Omnisports est morte, vive l'OGS Union !
❖ Un moteur à l'athlétisme
❖ Alchimiste, il transforme le plomb en or
❖ Les joueurs de billard font les trois bandes…
  et les jeux d'échecs deviennent un sport à part entière
❖ Une première fois CFA2 pour gouter
❖ Moins tendue que la corde de son arc, même si ça lui tire un peu…
❖ Le sport synthois a de grandes valeurs et sait le démontrer quand il le faut
❖ Un nouveau "vaisseau amiral" du sport en approche
❖ Une épopée footballistique inédite
❖ Putain de bagnole !!
❖ Une charte de bonne conduite contre l'anti sport
❖ Un esprit d'échange pour multiplier les chances
❖ Un chapitre plus long que prévu pour la piscine Léo Lagrange
❖ La pratique du vélo évolue, évoluons avec le vélo
❖ Léo Lagrange pris en otage, le stadium du littoral inauguré
❖ Quand les jeunes du foot prennent exemple sur leurs aînés…
❖ Une compétition qui ne manque pas de chien
❖ Racket sur les bons résultats au club de tennis

1963-2013, 50 années d'un voyage dans la constellation à la vitesse des lumières du sport synthois

26 mars 1963, l'histoire du sport à Grande-Synthe se met en marche

Dans toute chose, il y a un avant et un après. Une frontière un peu floue pas toujours définitive pour mesurer, comparer, évaluer à travers le temps qui passe, l'activité humaine, les changements intervenus. Grande-Synthe n'y échappe pas et pourrait même en être une démonstration, tant il y a un avant et un après très distincts. Il y a eu le Grande-Synthe avant la seconde guerre mondiale, puis celui d'après, quasiment rayé de la carte. Il y a eu le Grande-Synthe d'avant Usinor et celui d'après, donnant au village de nouveaux contours de ville moderne, urbaine. Il y a eu avant le 26 mars 1963 et depuis, il était une fois le sport à Grande-Synthe.

Dans le petit village de gens de la terre : maraîchers, fermiers et artisans, le sport est une attraction, une sortie endimanchée à la grande ville d'à côté, Dunkerque. A Grande-Synthe, le sport n'existe pas. C'est la venue, il y a cinquante ans, d'hommes et de femmes qui va transformer ce désert sportif en oasis à champions des stades et des salles de sport.

Le village, qui est devenu un immense chantier, un enchevêtrement d'immeubles construits à la hâte ou encore en construction, voit affluer des travailleurs qui bien souvent arrivent en célibataires. Ils viennent des régions minières, du Valenciennois, du Pas-de-Calais et d'ailleurs. Ils ont laissé femmes et enfants dans les corons ou au pays. Jusqu'à vingt-sept nationalités vont coexister ici, sans presque se voir, sans se heurter. Si durant la semaine, la ville qui est en train d'éclore prend des allures de cité dortoir, de banlieue froide et sans âme, le week-end, elle devient une ville fantôme. Il n'y a aucune distraction, ni pour les jeunes, ni pour les parents. La vie à Grande-Synthe n'est pas facile et les quelques familles qui s'installent vivent le "far-west". L'usine est alors le seul intégrateur social. C'est à l'usine, à travers les postes, les différents services et les sections sportives que les hommes font connaissance.

René Leroy se souvient : « *Comme tous les sportifs qui arrivent dans une nouvelle ville, ce qu'ils vont chercher c'est de voir s'il y a un club ou un endroit pour faire du sport. En arrivant en 1962 à Grande-Synthe, il n'existait aucun terrain de sport, ni aucune équipe. On s'est donc mis à quelques-uns à jouer au ballon sur des terrains vagues et quand les gens sortaient de l'usine et voyaient des footballeurs et des jeunes taper dans un ballon, ils s'arrêtaient. De là est venue l'idée de créer une équipe de football à Grande-Synthe, c'était en 1963.*»

Circonstances et nécessités fondent l'action

En juin 1962, Félix et Huguette Mierzejewski et leurs deux enfants s'installent à Grande-Synthe. Félix est contremaître à Usinor, Huguette est professeur d'éducation physique. Ce couple va changer la vie de générations de grands-synthois.

Originaire de Bergues, Pierre Gars est pompier à Paris. Il en revient en 1962. Il pratique le volley-ball et jouait à haut niveau dans l'équipe de la compagnie de pompiers. Embauché au service sécurité d'Usinor, il est l'un des acteurs clés de l'aventure sportive synthoise : « *Un beau jour, Félix Mierzejewski vient me voir dans mon bureau et sa première question a été - Quel sport tu as fait ? - Je lui ai répondu - Je fais du volley. Il me demande où, je dis à Paris. Il me dit ensuite* - Je viens te voir parce qu'on a l'intention de créer un club. - *Je lui ai répondu qu'on ne peut pas faire ça comme ça tout seul, qu'il fallait voir avec la mairie.* »

Quelques jours plus tard, en éclaireur, Pierre Gars rencontre le maire Julien D'Hulster. Celui-ci l'invite, lui, ainsi que le couple Mierzejewski au conseil municipal qui devait avoir lieu une quinzaine de jours plus tard. Cette quinzaine a été mise à profit pour préparer une présentation de leur projet. Lors du conseil municipal, le maire présente l'équipe de sportifs et leur laisse la parole. «Bon maintenant expliquez-vous ! *Nous dit le maire.- Avec Félix et Huguette, on a détaillé tout ce qu'on voulait faire.*» Les yeux brillants, la respiration syncopée par l'émotion que cela réveille, Pierre Gars se rappelle très bien de ce grand moment. Le conseil municipal est enthousiasmé et le maire pose l'inévitable question : « Il vous faudra des sous ?!» « *On a répondu* - Ben oui ! - *Et il nous a accordé une subvention de sept mille cinq cents francs, tout de suite !*» L'OGS est portée sur les fonts baptismaux le 26 mars 1963 par une équipe de sept personnes qui se répartissent les responsabilités. Félix Mierzejewski est président, René Leroy est le premier vice-président, Pierre Gars second vice-président, Monsieur Marquant est nommé trésorier. Huguette Mierzejewski et Monsieur Hayez sont membres de cette association régie par la loi de 1901. Elle est déclarée officiellement le 12 Avril suivant à la sous-préfecture de Dunkerque et est dénommée Olympique de Grande-Synthe. Son but, c'est la pratique de tous les sports collectifs et individuels. Son siège social, c'est la mairie. L'information est parue dans le Journal Officiel du 30 Avril 1963. L'OGS comprend cinq disciplines sportives qui sont le football, le basket-ball, le volley-ball, le tennis de table et le hand-ball.

René Leroy : « *Quand on voulait faire des championnats, il était obligatoire d'avoir des règles et d'avoir un club, car il fallait se licencier et il fallait avoir un nom de club. En se réunissant à quelques-uns, on a créé l'OGS avec ses couleurs. On avait décidé du jaune et du bleu.* » Les couleurs du blason de la ville. Ils ne le savent pas encore, mais ils viennent de créer l'un des piliers fondateurs de la ville que nous connaissons aujourd'hui. Non seulement le sport va pouvoir se développer, mais plus encore, il génèrera les liens nécessaires à la vie de la cité, à son épanouissement, participera à la sédentarisation des travailleurs grâce notamment à la venue des familles et l'engagement des enfants dans les différentes disciplines sportives. Le sport va élargir de l'usine à la ville la cohésion sociale nécessaire à la vie en commun. Solidarité, partage, fraternité prendront leur sens grand-synthois.

Le 6 juin 1963, le conseil municipal reconnaît officiellement l'OGS et lui alloue la subvention promise.

Champs, pâtures, gymnase et salles de classe

Les premiers mois sont un peu difficiles, car si comme le confie Félix Mierzejewski à Jean Sename, journaliste à la Voix du Nord « *C'est difficile de former une équipe, les gens ont peu de contact et vivent repliés sur eux-mêmes.* » Créer de toute pièce un club de sport est une affaire très prenante. L'implication est totale, au détriment parfois même de la vie de famille. « *Souvent, je rentrais vers neuf heures le soir et ma femme me disait - Tu n'peux pas rentrer un peu plus tôt ?*» se rappelle Pierre Gars. Il faut penser à tout, être très présent, monter des dossiers auprès des instances qui décident, qui donnent des agréments, qui permettent au sport d'exister là où il n'y avait rien. Au-delà de l'aspect administratif, faire du sport à Grande-Synthe est un défi permanent. Il n'y a pas de salle, pas de terrain, aucun équipement sportif dédié.

« *La première salle qu'on a eue, c'est la salle Victor Hugo et la cour de l'école maternelle et c'est tout ! C'était une vraie bagarre pour la répartition des heures d'entrainement, mais on s'entendait bien, alors ça allait quand même. On jouait dans la cour de l'école. L'hiver on devait se lever de bonne heure pour faire fondre la neige.* » se souvient encore Pierre Gars, prolongé dans ses propos par Jean-Luc Mierzejewski « *On s'entrainait dehors avec des lampadaires accrochés au mur de l'école pour qu'on puisse voir, donc vous imaginez un petit peu les conditions. Au football, parce que je faisais aussi du football, on jouait dans des pâtures qui tenaient lieu de terrain d'entraînement.* »

Entre pâtures et chantiers, René Leroy peine à trouver un terrain. Il raconte « *Il n'existait aucun terrain de sport, ni aucune équipe. A plusieurs, nous sommes allés au centre social pour mettre en place des équipes de foot pour la saison 1963-64.*» Louis Baldan précise « *Le premier des tout premiers terrains où on a eu nos premiers entraînements se situait de l'autre côté de la rue nationale en face de la salle Victor Hugo, là où aujourd'hui il y a les maisons des ingénieurs Usinor. C'était le tout premier terrain d'entraînement avec la première composition d'une équipe où chaque joueur portait ses propres couleurs.* »

Ce terrain prêté pour un an par Usinor, sur demande du maire, n'est pas satisfaisant. C'est une pâture à l'état brut. Elle n'est pas nivelée, et par ailleurs, elle doit accueillir le fameux quartier des ingénieurs. La mairie met alors à disposition des footballeurs un nouvel espace situé au Nord de la commune. « *En allant voir le maire, il nous dit : - Vous avez un terrain ! - Ce terrain est aujourd'hui le parking du Palais du Littoral, mais il y avait des trous, il y avait des navets, des betteraves, un peu d'herbe, donc on l'a aménagé nous-mêmes. Nous avons eu les buts par la ville. On nous a amené quelques cabanes pour faire les vestiaires, et en guise de douches on a pris des bassines et des seaux, et donc on se lavait dans ces bassines. Alors je ne vous dis pas, lorsqu'il faisait -1 ou 0 degré… Après un match il fallait être courageux...* » Rapporte René Leroy. « *C'était une pâture qui n'avait rien à voir avec un terrain de football et sur lequel le maire à l'époque, Julien D'Hulster avait fait planter en guise de buts quatre poteaux de bois !*» enchérit Louis Baldan.

De la création des équipes aux premiers résultats, le chantier invisible

Si la plupart des sections n'éprouve aucune difficulté à recruter des sportifs, Pierre Gars a du mal à constituer une équipe de volleyeurs et reconnaît en fin d'année 1963 qu'il manque d'adeptes pour cette discipline. Il réussit toutefois à démarrer avec une équipe d'adultes qui joue à un très petit niveau. Tandis que la section tennis de table remplit ses rangs de talents prometteurs, la section basket compte déjà vingt-quatre licenciés et a réussi à créer deux équipes, l'une constituée de filles cadettes, l'autre de garçons minimes. Jean-Luc Mierzejewski en garde un souvenir intact. *«L'OGS a structuré une bonne partie de ma vie. Ça m'a donné une occupation passionnante, avec notamment la première équipe minime dans laquelle je jouais avec une bande de copains, sous l'encadrement de mes parents.»*

La formation des jeunes est un point essentiel du développement de la section basket, d'ailleurs très vite sont mises en place des écoles de basket. « *Alors ça, je peux dire que c'est la philosophie centrale de mes parents qui considéraient le sport comme un vecteur d'éducation et qui en avaient une approche au centre de laquelle il y avait la formation d'emblée. Les écoles de basket étaient le b-a ba de la formation de jeunes au basket. A cette époque-là nous étions deux, avec Jean-Yves Barras. Mes parents nous avaient envoyés en stage d'entraineur à Wattignies, alors qu'on n'avait que quatorze ans...* »

La section football accède à la demi-finale de la coupe maritime

La section football se développe bien aussi, malgré l'absence d'un vrai terrain. René Leroy raconte. « *On jouait en quatrième division, il n'y avait pas plus bas, mais nous étions obligés de passer par là. On a joué à Hondschoote, à Bourbourg, on est allé aussi à Wormhout, parce que notre terrain n'était pas tout à fait prêt encore. Ce n'était pas d'un niveau extraordinaire la quatrième division, mais on avait de très bons joueurs qu'on ne pouvait pas utiliser à temps plein parce que beaucoup faisaient les postes, donc il fallait jongler. Nous avions créé aussi, dès la première année, une équipe junior et une équipe minime qui s'est très bien comportée. De ces jeunes, certains ont joué en équipe première.* » Louis Baldan précise. « *Nous avons perdu le match contre Wormhout, mais lors de cette première saison, 1963-64, nous avons accédé à la demi-finale de la coupe maritime.* »

De son côté, le hand-ball recherche un second entraîneur parce qu'une équipe benjamine sera peut-être engagée au championnat UFOLEP

Sans terrain ni espace dédié, des gens se regroupent pour courir. « *On allait dans la nature, par exemple le long de la route qui mène aujourd'hui à Auchan. Il y avait des arbres et des sentiers, on allait là-dedans. Disons qu'il y avait un embryon, c'est-à-dire que des gens faisaient de l'athlétisme, mais ils n'avaient pas de licence parce qu'il n'y avait pas de club.* » se rappelle Marcel Ghéwy. Décembre 1963, lors d'une réunion ordinaire de l'OGS, Huguette Mierzejewski émet l'espoir de voir monter rapidement une section athlétisme. Il faudra encore attendre un peu...

A l'assemblée générale de clôture de la première saison sportive de l'histoire de l'OGS, Le 20 juin 1964, le président dressant l'état des effectifs du club note qu'il y a quatre-vingt-dix-sept licenciés, vingt séniors non licenciés et cinquante jeunes qui fréquentent les écoles de sport. Il prévoit pour la saison 1964–65 une évolution des effectifs entre deux cents et trois cents licenciés. 1965 sera une belle et grande année puisque sont prévus un terrain multisports principal avec une piste de course "rod-grand", un terrain de sports secondaire et quatre gymnases scolaires. Il sait aussi qu'il pourra compter sur l'amélioration des équipements existants.

René Leroy, qui depuis novembre 1963 a quitté la section football, laissant à Jacques Samaille la présidence et à Félix Debril la vice-présidence, organise une réunion au centre social. « Ça *me démangeait et j'ai fait une réunion un soir et là j'étais étonné : il est venu trente personnes. Je fais une réunion pour dire que je crée une section athlétisme. J'ai donc été élu président et très vite on a formé une équipe très sympathique.* » Marcel Ghéwy assiste à cette réunion. Elle sera le point de départ d'une nouvelle aventure pour lui.

Toutefois, en avril 1965, lors d'une réunion ordinaire de l'OGS, les discussions ont pour sujet l'augmentation du nombre de sections pouvant être en état de fonctionner au sein du club. Si Huguette Mierzejewski prévoit la création d'une section gymnastique, dans son esprit une section athlétisme n'est plus à l'ordre du jour. Par ailleurs, Yves Danjou et une poignée de fervents d'haltérophilie envisagent de créer leur section. La demande d'affiliation à l'OGS est faite et reçoit un avis favorable du comité directeur le 19 juin. Lors de cette même réunion, le comité apprend le détail de la cérémonie d'inauguration du stade Jean Deconninck qui se déroulera le dimanche 13 juin 1965.

Le premier "vaisseau amiral" du sport synthois

Un chapiteau de plus de 500 m² accueillera le samedi soir un bal avec trois orchestres. Dimanche 13 juin, un défilé des différentes sections de l'OGS accompagnées de la musique de Saint-Pol-sur-Mer partira de la mairie pour rejoindre le stade. Deux matches de football étrenneront le tout nouveau terrain : une rencontre de benjamins suivie d'un match entre les professionnels du LOSC et de l'US Dunkerque. Ces derniers ont perdu le match, mais les grand-synthois ont gagné un terrain de sport, un endroit où vibrer ensemble, noyés dans les clameurs de tribunes qui ricocheront d'immeubles en maisons d'une ville qui s'éveille au diapason des battements de cœur de ses sportifs et de leurs supporters. C'est un premier "vaisseau amiral", il y en aura d'autres, mais il faudra attendre…

René Segard était là ce jour-là « *Je me souviens que je jouais contre un joueur international, Paul Courtin. C'était un grand gaillard et on m'avait dit de le surveiller. Pour moi, c'était vraiment un match impressionnant parce qu'on jouait contre une équipe pro. Je crois qu'on a pris six buts, mais on a eu plaisir à jouer.* »

La deuxième saison sportive se clôt sur cet évènement et Huguette Mierzejewski qui préside l'assemblée générale de l'OGS omnisports du 26 juin souligne l'augmentation du nombre de pratiquants sportifs par rapport à l'effectif réalisé la saison précédente. Dépassant les prévisions, l'effectif total de la saison s'élève à 338 pratiquants qui se répartissent entre le football qui compte 111 licenciés plus 31 non licenciés, le basket-ball rassemble 64 licenciés plus 40 non licenciés, le hand-ball représente 37 licenciés, le volley-ball 16 licenciés plus 7 non licenciés et le tennis de table culmine à 17 licenciés plus 15 non licenciés.

La nouvelle section culturisme et haltérophilie est officiellement reconnue au sein de l'OGS. La composition de son comité est déposée. Il est constitué de Raymond Gillet au poste de président, de Pierre Doom comme vice-président, le secrétaire est Yves Danjou et le trésorier Lionel Bouchart. Ce n'est encore qu'un tout petit club de passionnés, mais il a déjà trouvé son espace d'entrainement, ce sera à la salle Ampère, tout près du centre commercial Saint-Jacques.

La saison qui s'ouvre en septembre 1965, est une saison de premières moissons pour tous les clubs, mais elle débute avec l'étonnement d'Huguette Mierzejewski qui a lu dans le journal local la création d'une section rugby au sein de l'OGS. C'est la surprise générale puisqu'aucun contact n'a été pris avec le comité directeur. La demande officielle d'affiliation du rugby à l'OGS arrivera quelques semaines plus tard, en octobre, signée de M. Cacheux son représentant. Il obtient un accord de principe sous condition des subventions à venir. La boxe, sur demande écrite de M. Droit, souhaite également rejoindre l'OGS. Le comité directeur laisse sa décision en suspens à cause des subventions de la ville qui ne prévoyaient pas l'afflux de nouvelles disciplines. La question est donc discutée en comité directeur, car si le club OGS est omnisports, il ne pourra rejeter indéfiniment les demandes d'affiliation. Il est alors décidé de prévoir par section non encore affiliée les demandes de budget pour la saison suivante, cela aura pour effet de faciliter l'entrée de nouvelles disciplines comme par exemple le tir à l'arc "la flèche d'or" dont la demande vient d'arriver pour la saison prochaine 1966-67.

Les Jaunes et Bleus du football entament leur première saison au stade Jean Deconninck. « *Je me souviens très bien de notre tout premier match officiel sur le terrain du stade Jean Deconninck.* » Louis Baldan raconte : « *C'était fin août ou début septembre 1965. Ce tout premier match, nous l'avons joué contre l'équipe réserve de Dunkerque qui ne nous a pas fait de cadeau, parce qu'en fait Dunkerque nous avait envoyé son équipe ''amateurs'' de haut niveau. Ce match nous l'avons perdu quatre à trois, mais nous avons fait une belle saison parce que nous avons fini deuxième du championnat. Nous avions comme entraîneur Henri Vandyck et comme capitaine René Segard.* »

L'arrivée du Boxing club au sein de l'OGS ne sera pas possible sur décision à l'unanimité du comité directeur qui, compte-tenu du nombre croissant de sections et le budget déjà élevé demandé à la ville pour la saison suivante, ne pourra pas accueillir une nouvelle section. Cependant, le 22 janvier 1966, l'athlétisme qui vient de se créer, intègre l'OGS et présente son comité composé de René Leroy, président ; Jean Gomel, vice-président, comme secrétaire Ernest Verquise et le trésorier est Richard Szymzack.

Marcel Ghéwy justifie cette affiliation : « *Le stade a été fourni avec les aires de saut, le saut à la perche le saut en longueur, de lancer de poids, de disques, il y avait de tout. On avait tout. Au début nous étions à peu près une trentaine, après on est monté à quarante, on a fini à près de cent… En plusieurs années quand même. On a eu des résultats encourageants tout de suite.* » René Leroy complète et confirme « *On avait des jeunes très doués à Grande-Synthe, nous avions principalement une très bonne équipe de sprinters, et ça a monté très vite.* »

A l'autre bout de la commune, dans le magasin de cycles qui partage le petit parking devant la mairie, quelque chose de nouveau est en train de se préparer. Philippe Limousin raconte « *Où il y a une banque aujourd'hui qui fait le coin, il y avait un marchand de cycles qui était tenu par Eugène Carru. Eugène Carru était un ancien coureur qui s'était reconverti comme marchand de cycles. Ce magasin était un lieu de rencontre des passionnés de vélo. On y parlait de vélo et des anciens exploits d'Eugène parce qu'il avait même fait un tour de France.* »

Claude Limousin qui a mis un terme à sa carrière de coureur cycliste pratique désormais le vélo en loisir. Il va souvent au magasin de cycles d'Eugène Carru. Les conversations entre les hommes de la petite reine les conduisent en mars 1966 à se poser la question qui est déjà une réponse en elle-même : « *Et pourquoi on ne ferait pas un club ici à Grande-Synthe ?*» Philippe Limousin, enfant, se souvient « *Le bureau s'est constitué le 6 mai 1966 qui est la date officielle de la création du club avec donc Eugène Carru, mais c'est Pierre Lefranc qui a pris la première présidence du club et mon père vice-président avec Jean-Marie Rivoal. Il y avait aussi un copain qui s'appelle Noël Mazy qui a pris le poste de trésorier, donc voilà l'aventure est partie de là, de façon tout à fait modeste, avec un coureur. Il n'y avait qu'un coureur...* » Ce coureur, c'est Gervais Denis.

A l'époque, chaque nouvelle discipline sportive qui se crée émet le souhait de rejoindre l'OGS. L'O.C.G.S. Olympique Cycliste de Grande-Synthe n'échappe pas à ce principe, mais Pierre Lefranc veut en discuter les termes. Il rencontre à cet effet Huguette Mierzejewski et il en conclut que son club restera en dehors de l'OGS...

De son côté, la section rugby peut intégrer le club omnisports car la ville vient de lui allouer sa première subvention d'un montant de 2.380 francs. La préoccupation des responsables du rugby c'est aussi de pouvoir s'entraîner et M. Cacheux demande l'autorisation de placer sur l'ancien terrain de football des poteaux de rugby dans le même sens que ceux du football, mais pour cela, il devra attendre la fin de la saison en cours.

Quelques jours plus tôt, le 30 avril 1966, lors de la réunion du comité directeur de l'OGS, La présidente lit une lettre de Pierre Gars. Il y annonce sa démission au poste de vice-président de l'Olympique de Grande-Synthe ainsi que de la section volley-ball. Pierre Gars, quitte l'OGS pour aller jouer à Dunkerque, sans vraiment abandonner Grande-Synthe. Il explique : « *J'ai joué pendant deux ans à Grande-Synthe puis après j'ai été contacté par Dunkerque. Il y avait un polonais qui s'appelait Richard et c'est lui qui m'a dit - Viens à Dunkerque ! - Alors j'y suis allé, mais en accord avec Grande-Synthe.* » On ne le sait pas encore à ce moment-là, mais il en reviendra plus fort d'une équipe et le volley-ball connaitra ses plus belles années…

Un nouveau coup de théâtre frappe le comité directeur lorsqu'il apprend début mai, la démission de celui qui est à l'origine de l'OGS et qui en était devenu le conseiller technique : Félix Mierzejewski. En pré clôture de séance, il remet une lettre à la présidente, puis à la stupéfaction générale, quitte la salle. Huguette Mierzejewski lit cette lettre pendant que des voix s'élèvent pour s'opposer à cette démission que la quasi-totalité de la salle ne comprend pas. Ce soir-là, ils ont été plusieurs à tenter de faire revenir Félix Mierzejewski sur sa décision, en vain. Il restera ferme et ne réintègrera pas la réunion.

La saison 1965-66 qui se termine, a été une saison difficile, avec la perte d'un membre à la section football, M. Gilles disparu tragiquement, mais aussi les demandes d'affiliation, les intégrations, les refus, les réponses en suspens, les démissions et toujours la chasse aux équipements. A l'assemblée générale, le 25 juin, la présidente souligne l'augmentation importante de sportifs inscrits à l'OGS. L'effectif est passé de 338 à 508 licenciés. Huguette Mierzejewski salue les trois nouvelles sections que sont l'athlétisme, l'haltérophilie et le rugby. M. Patoux qui représente la municipalité est venu annoncer que deux salles seront terminées pour la fin de l'année, celles des groupes scolaires numéro un (Victor Hugo) et cinq, ce qui représentera deux gymnasiums et deux plateaux d'évolution. Sur le même thème, M. Ranson pose la question du deuxième terrain de foot qui devient absolument nécessaire. M. Patoux avance une mise à disposition vers fin 1968 début 1969. Jusque-là les entraînements de football et de rugby auront lieu sur l'ancien terrain provisoire (aujourd'hui le parking du Palais du littoral).

Christophe Duhem M. Mini Basket régional

Au volley-ball, M. Gomel qui a pris la responsabilité de l'équipe depuis le début de saison 1965-66 enregistre de timides progrès, mais témoigne d'un bon espoir, même s'il reconnaît qu'il y a encore du travail. C'est au basket que la saison 1966-67 va marquer les esprits sportifs synthois avec notamment des filles et des garçons du club sélectionnés en équipes départementales, mais aussi une distinction régionale pour un poussin, Christophe Duhem. Jean-Luc Mierzejewski s'en souvient très bien : « *Nous avons eu le plaisir dans un regroupement régional à Wattignies d'avoir un joueur d'une de nos équipes poussins, Christophe Duhem qui a 11 ans à l'époque, nommé M. Mini Basket au niveau régional.* »

Ils sont deux cent soixante gamins, quarante et une équipes de 8 à 12 ans, venus de toute la région à Wattignies près de Lille pour participer au premier grand tournoi français de mini basket, officialisé par la fédération. Très vite, Christophe Duhem est remarqué. Pour être M. mini basket, il faut être le meilleur joueur sur le plan collectif, il doit maitriser la technique, doit faire preuve d'engagement physique, de volonté, d'adresse et de réalisation. Les organisateurs pensent même qu'il est pratiquement impossible de trouver réunies toutes ces qualités en un seul joueur de 8 à 12 ans... Avec ses deux années de basket, Christophe Duhem est décrit par le journaliste de la Voix du Nord comme « *un joueur formidable, ambidextre et adroit, possédant surtout des techniques formidables pour un gosse, avec un dribble à la "Degros"* (un joueur de l'époque), *un registre étendu de feintes et de départs. Il connait toutes les passes. Il a séduit le jury avec ses élans d'enthousiasme son tempérament un peu frondeur et son plaisir de jouer. Il possède de façon quasi parfaite les gestes du basket* » Lorsque les journalistes veulent connaître l'entraineur qui est derrière ce jeune prodige, Christophe Duhem pointe son doigt vers un jeune un peu plus âgé que lui, Jean-Luc Mierzejewski n'a que 14 ans. Aujourd'hui, ce dernier livre son analyse : « *On voit bien là une des logiques de fonctionnement du club qui est de former des jeunes et d'obtenir des résultats en s'appuyant sur un noyau de joueurs formés au club.* » Des résultats cette année-là, il y en a : plusieurs titres de champions et Jean-Luc Mierzejewski promu capitaine de l'équipe de France juniors.

En seulement deux saisons, la section basket fait parler d'elle et l'OGS commence à être reconnue extra-muros grâce également au tennis de table dont les joueurs de bon niveau défendent fièrement les couleurs de la ville, tout comme le hand-ball et le football, pour le volley, ça viendra... patience.

En ce qui concerne les entraînements, c'est toujours un peu serré, mais deux salles de sports seront bientôt disponibles et le partage est déjà fait : le basket-ball utilisera la salle du groupe scolaire numéro un (Victor-Hugo), le hand-ball celle du groupe numéro deux (Chabrier), quant au volley-ball ce sera celle du groupe numéro trois (Pierre et Marie Curie).

Le 11 mars 1967, lors de la réunion du comité directeur, la présidente fait part à l'assemblée du souhait renouvelé du Boxing Club d'intégrer l'OGS. Ce soir-là, on parle aussi pour la première fois d'organiser une journée d'épreuves du brevet sportif à Grande-Synthe. La date est fixée au 1er juin. Trois cent cinquante-sept participants sont inscrits, c'est déjà un succès. Du coup, on imagine une fête omnisports. Les contours restent à définir devant les difficultés que cela peut engendrer en termes de disponibilités au sein des clubs, des équipements, etc.

Les épreuves du brevet sportif populaire se réalisent sur deux espaces. Les benjamins, benjamines et minimes filles et garçons de la section basket commencent les épreuves sur le plateau d'évolution du groupe scolaire Victor-Hugo. Tous les juniors et seniors masculins et féminines sont, eux, convoqués au stade Jean Deconninck. Il n'y a ni compte-rendu, ni résultats de ces épreuves qui ont fait naître, par ailleurs, la fête omnisports. Elle s'étale sur un mois et permet aux différentes sections de se produire devant un public curieux et nombreux. L'engouement pour les sports à Grande-Synthe ne se dément pas, d'autant que les sections recrutent facilement en promettant amitié, partage, convivialité, solidarité en plus des grandes heures qu'offrent les équipes sur les terrains et dans les salles. Félix Tertuliani se souvient bien de cette époque et explique la mécanique d'enrôlement : « *J'ai habité au bloc J et j'avais un voisin qui jouait au foot. Un jour, je discute avec lui et il m'invite à aller voir les cadets le dimanche matin. A cette époque-là, vous alliez deux dimanches de suite autour du terrain de football, le troisième dimanche on vous attrapait pour donner un coup de main au club. J'ai commencé à la base, c'est-à-dire accompagner les enfants, réparer les filets le dimanche avant le match, avec de la ficelle. Ensuite évidemment c'est le lavage des maillots, la confection de sandwiches, puis c'est d'être délégué, d'être le trésorier puis d'être le président. C'est une échelle qu'on monte un barreau à la fois.* »

Une lettre du 31 mai 1967, rédigée par M Cacheux et lue par Huguette Mierzejewski lors de la réunion du comité directeur du 6 juin, annonce la démission de la section rugby, sonnant la liquidation de la discipline et donc sa disparition des terrains grands-synthois.

A cette époque, Toutes les sections de L'OGS sont en difficulté. Alors que chacune se développe et nécessite des moyens d'année en année plus importants, la ville semble ne pas comprendre l'enjeu et alloue une subvention globale qui est de loin insuffisante. M. Danjou de l'haltérophilie demande une avance de 500 frs, et si le comité directeur ne peut pas lui verser cette somme, il quitte l'OGS. M. Ranson pour le football et M Dufour pour le basket exposent eux aussi leurs difficultés financières. Les équipes sont pénalisées dans leur progression. Une entrevue est proposée avec les responsables des commissions des finances et des sports de la ville, mais ceux-ci ne répondent pas.

Le mai 68 du sport à Grande-Synthe

Marcel Ghéwy annonce qu'il sera impossible à la section d'athlétisme d'organiser le meeting prévu pour la fête omnisports. Le stade Jean Deconninck n'est pas homologué et manque d'équipements, mais la France traverse une période délicate qui, pour longtemps encore se résumera à un mois et un nombre : mai 68. Les sports pratiqués alors n'ont rien d'olympique. On pratique beaucoup le lancer de pavés, l'élévation de barricades à Paris et l'usage de la rue comme terrain non règlementaire, rendant la tâche difficile aux juges et arbitres en habits de policiers de noter, de classer ou de récompenser les sportifs... C'est la confusion.

A Grande-Synthe, la solidarité se met en place avec les maraichers, les habitants, les ouvriers, mais le ton monte ici aussi. Dans les rues, dans les usines et entre l'OGS et la municipalité. Le 4 mai 1968, le comité directeur se réunit pour définir la position que compte adopter chaque section face à la proposition adressée par la mairie à chacun des présidents de section. Le principe est de diviser l'OGS en autant d'associations qu'il y a de disciplines. M. Leroy, comme une grande partie des responsables de section présents est étonné et ne voit pas l'utilité de modifier les structures du club, sauf à l'affaiblir, voire à le faire disparaître. M. Ranson par contre désire vivement la solution présentée par la mairie. Il sait son club fort d'un grand nombre de licenciés et de bénévoles. Il pense peut-être qu'il pourrait obtenir de meilleures conditions pour son club en discutant directement avec la municipalité. Les autres sections ne le suivent pas dans cette voie. Huguette Mierzejewski se range au plus grand nombre et précise qu'il n'y a aucune raison de changer quoi que ce soit dans la forme ou dans le fonds à l'OGS. Elle laisse néanmoins la possibilité à toute section de se détacher du club. M. Ranson déclare que la section football se détache et quitte l'assemblée. Trois semaines plus tard, le football et l'haltérophilie confirment leur détachement de l'OGS qui, à ces deux seules exceptions près, fait bloc contre le projet de la ville. Un courrier élaboré collégialement au sein du comité directeur avise la municipalité de la décision des six disciplines solidaires. Devant cette fronde, les responsables communaux abandonnent le projet.

Ce petit orage localisé, au milieu d'une vaste tempête qui ébranle le pays, a permis de vérifier la solidité de l'édifice OGS. A la mairie, on sait désormais que l'OGS est une force qui ne se laissera pas emmener là où elle ne veut pas aller. Ses membres en profitent pour confirmer que le club omnisports ne doit pas être politisé, qu'il restera dans sa forme et qu'aucune modification des statuts ne doit être envisagée.

Le 22 juin, les perturbations sont passées. La section d'haltérophilie assure qu'elle reste à l'OGS suivant les termes proposés lors d'une réunion en mairie, c'est-à-dire avec un nouveau comité qui sera prochainement proposé. Par ailleurs le président de la section football précise que tout en sollicitant une réforme du comité de gestion de l'OGS, la section football ne quitte pas le club.

A Dunkerque, rien ne va plus pour le volley-ball. Le club BNC1, pour lequel Pierre Gars avait quitté le club synthois, a disparu. Il revient alors à l'OGS en amenant avec lui les joueurs dunkerquois. Très vite l'équipe formée à Grande-Synthe grimpe en régionale 3, un niveau inespéré jusqu'alors. Désormais il faudra compter avec la section volley-ball de l'OGS qui comprend deux équipes séniors masculins.

A la rentrée de septembre 1968, pour toutes les sections, la saison débute dans les difficultés héritées de la période passée. M. Andries explique qu'il a beaucoup de mal à remettre le hand-ball sur pied et qu'il ne perd pas espoir. Probablement en contrecoup de la fronde menée la saison dernière par les sections OGS, la municipalité s'apprête à réduire la subvention aux sports, en tous cas, c'est le bruit qui court et donc chaque section réétudie son budget. Se pose ainsi la question du sport et de son intérêt du point de vue de la ville. Félix Mierzejewski qui revient aux réunions du comité directeur propose d'adresser une missive au maire par laquelle il souhaite connaître sa position. Dans sa lettre, Félix Mierzejewski fait part de sa conviction des grandes possibilités sportives de l'OGS, mais qu'elles ne peuvent se développer qu'en fonction des moyens qu'on est disposé à y mettre. Il évoque aussi son souhait que la municipalité fixe les moyens à long terme qu'elle souhaite accorder au sport, de sorte que chaque discipline puisse définir et arrêter une politique sportive sur plusieurs saisons. En réponse, le bruit qui courait est confirmé. L'OGS reçoit une subvention globale de 31.700 francs pour toutes les sections. Le montant est d'emblée insuffisant et inférieur au montant de l'année précédente. Par-delà la déception, c'est un coup de frein donné au sport. Les sections doivent se désengager des divers championnats, tout en tentant de sauver la saison. 1968-69 est une saison triste sur le plan des résultats, mais rue Rigaud, un chantier éveille l'attention…

Des ouvriers du bâtiment s'affairent entre planches, briques, plâtre et ciment à élever la première piscine synthoise. Ce n'est pas un bassin pour sportif en mal de longueurs nage libre, mais un bassin qui correspond plus à un usage familial et d'initiation aux joies du bain.

Les mois ont passé et rien ne s'est arrangé du point de vue financier. En février 1970, las devant les difficultés grandissantes, les responsables de sections demandent à rencontrer la commission des finances à la mairie. Certains étudient même la possibilité de faire payer une location au comité d'entreprise d'Usinor qui utilise les équipements de la ville pour les entraînements et les rencontres corporatives. Cette idée restera dans les cartons et le sport continuera de souffrir d'asphyxie financière à Grande-Synthe. Au mois de mars, le 21, la ville inaugure un nouveau gymnase. L'enthousiasme n'y est pas, toutefois les sections font bonne figure et préparent chacune une présentation de leur discipline.

Juste une semaine avant, le 15 mars, sous l'impulsion de Christian Buchet et Auguste Lefebvre, la gymnastique se présentait au comité directeur pour demander son rattachement à l'OGS. Un peu plus d'un mois plus tard, après avoir satisfait aux demandes et démarches requises, la section gymnastique est créée au sein du club omnisports. M. Todeschini en assure la présidence, aidé de MM. Fontaine et Delattre. La saison 1970-71 n'est pas une année de compétition faute de moyens matériels et financiers, mais la jeune section compte déjà cent vingt licenciés partagés en cinquante filles et soixante-dix garçons qui peuvent quand même s'initier à la barre fixe et aux barres parallèles sous la conduite de Mme Papin, MM. Joao, Lebon et Delattre. Patrick Spagnol raconte les débuts de la gym à Grande-Synthe : « *l'OGS gymnastique, ça commence dans la salle Chabrier. C'est une salle scolaire avec six tapis de sol comme on les a connus dans le temps. Il y a une poutre par-ci par-là et voilà, c'est tout. On monte et on démonte le matériel à chaque séance, c'est galère.* »

Jusque-là, le sport bâtit son essor sur du sable. Les sections fragilisées n'ont pas la certitude d'exister la saison suivante. Elles se maintiennent toutefois entre volonté, résignation et système D, surtout ces dernières années, plus difficiles. Par ailleurs, il se dit de plus en plus fort qu'un vent nouveau est en train de monter et que son souffle est une promesse de meilleurs lendemains…

De la naissance
d'une nouvelle ère
au renouveau sportif

En mars 1971, il y a un match auquel beaucoup de grand-synthois participent et suivent. Le match est historique pour la ville, historique pour les habitants, devenu historique aussi pour le sport synthois. Ce match un peu particulier, ce sont les élections municipales qui amènent la victoire d'un souffle nouveau, d'une équipe avec à sa tête un homme qui va marquer à cœur la ville : René Carême.

Les contraintes seront des victoires à atteindre, ses combats seront ceux de toute une ville, et le sport en fait partie. Pétri d'une ambition sociale et humaine qu'il partage et qui le porte, René Carême comprend que le sport ce n'est pas que des gens qui réclament de l'argent et des installations. Bien plus que cela, c'est un monde de passionnés qui tutoient au passé leurs propres limites, s'approchant de nouvelles à vaincre et emportent dans leur élan les jeunes sur des terrains où valeurs humaines et éducation populaire font l'être humain de demain.

Le nouveau maire n'attendra pas longtemps avant de rencontrer officiellement les hommes et les femmes du sport. L'occasion lui est donnée dès le 26 juin 1971, lors de l'assemblée générale de l'OGS. Il est accompagné de René Leroy, premier adjoint et délégué aux sports. Ils prononcent chacun un discours et rassurent l'assistance. Tout le monde comprend alors qu'une nouvelle ère vient de s'ouvrir pour le sport à Grande-Synthe.

Le 7 décembre 1971, les cyclistes de l'OCGS reprennent contact avec l'OGS. Ils ont un nouveau président depuis deux ans, Claude Limousin. Il souhaite rattacher son club à l'OGS. Pour le jeu de mots, il serait tentant de dire que les cyclistes ont fait du chemin depuis 1966 : d'un coureur, ils sont passés à douze. Si le club a végété dans ses premières années, depuis la première victoire de Paul Regheere à Steenbecque en 1969 et celle de Denis Carru en 1970 à Bois-en-Ardres, le club enchaîne les podiums. C'est donc un club cycliste avec un gros braquet et le torse bombé qui devient une nouvelle section de l'OGS. Le club omnisports compte maintenant neuf disciplines : le football, le basket-ball, le volley-ball, l'athlétisme, l'haltérophilie, le tennis de table, la gymnastique, le handball et le cyclisme.

La première subvention octroyée aux sports par la nouvelle équipe municipale est un soulagement et une confirmation des mots prononcés lors de l'assemblée générale. C'est mieux qu'auparavant, puisqu'elle est carrément doublée. Devant l'assemblée générale du 24 juin 1972, René Leroy fait le tour des travaux qui se profilent comme l'éclairage du stade Jean Deconninck qui est prévu au budget 1972, le gymnase municipal, qui prendra le nom Debussy et qui sera réalisé dans les deux ans.

Tandis que du côté du basket, la saison 1972-73 voit l'équipe sénior terminer deuxième de son championnat et accéder au niveau fédéral, le 11 décembre 1972, une poignée d'hommes fonde le club de natation. Il devient une section de l'OGS en janvier 1973. Jean Proot se souvient : « *Avec notre regretté Alain Neuville qui a été président fondateur, l'idée est venue de fonder le club quand le grand bassin était en construction. Moi j'étais vice-président à l'époque.* »
Le projet d'un grand bassin, initié par l'équipe municipale précédente, est déjà en route lorsque René Carême arrive à la mairie. Les plans sont faits, il n'y a plus qu'à construire. René Leroy ravive sa mémoire : « *La piscine, ça me tenait à cœur, parce que je voyais la jeunesse, il y avait des milliers d'enfants et je me suis dit - il faut qu'ils apprennent à nager - et j'ai modifié la piscine qui était prévue par l'ancien conseil qui était une piscine de 25*

mètres sur 15. » Tel qu'imaginé par l'ancienne municipalité, le grand bassin devait être un bâtiment à part, sans communication avec le petit bassin. *« En fait, on construisait une deuxième piscine. J'ai trouvé ça curieux et nous avons créé un ensemble petit et grand bassin. J'ai fait ça avec Francis Luyce qui était directeur de la piscine de Rouen. Je suis allé le voir là-bas. Il m'a donné des conseils. On a dessiné les contours de la piscine et c'est avec l'architecte Roussel, que nous avons fait l'une des piscines les plus modernes en ce temps-là.* »

Lors de la réunion du comité directeur, le 23 février 1973, M Marquant président de la section tennis de table fait part de sa démission et c'est Daniel Papin qui assure l'intérim. La section se porte bien. Elle est régulièrement présente sur les championnats et les critériums, ses joueurs sont bien classés. Ce sont surtout les filles qui ne vont pas tarder à faire parler d'elles.

Après une réunion de la commission des sports qui avait à décider de la subvention à allouer à l'OGS, M Leroy annonce que pour la saison 1973-74 une somme de 130.000 francs ainsi que quelques subventions pour du matériel ont été retenues dans le budget de la ville. La municipalité affirme ainsi sa volonté d'aider le sport synthois. René Leroy confirme cet état d'esprit à l'assemblée générale du 23 juin 1973 en insistant auprès des présidents et représentants de sections qu'ils fassent un gros effort afin d'atteindre la compétition au niveau national. Il complète en indiquant même que la municipalité est d'accord pour apporter une aide complémentaire aux sections qui en formuleraient le besoin. L'inauguration de la piscine Léo Lagrange se prépare, M Leroy en fait un descriptif détaillé, tout comme lorsqu'il annonce l'éclairage prochain du stade Jean Deconinck.

Un deuxième "vaisseau amiral" et un chaudron pour faire battre les cœurs

Les 29 et 30 septembre 1973, construite et livrée dans les délais prévus, la piscine Léo Lagrange est inaugurée. C'est le deuxième "vaisseau amiral" du sport synthois. Pour cet évènement, la ville a mis les petits plats dans les grands, invité la fine fleur de la natation française avec en tête le vice-champion du monde Michel Rousseau, l'inspecteur départemental de la jeunesse et des sports, M. Solal, le président de la CUD, Albert Denvers et tout un parterre de personnages officiels des communes voisines. La nouvelle piscine est un bassin de 25 mètres sur 20 avec huit couloirs. Elle est assortie de tous les éléments de sécurité, d'hygiène et de confort nécessaires à son bon fonctionnement et à la satisfaction de ses usagers. Les connaisseurs tels que Francis Luyce et Michel Rousseau disent que ce bassin est l'un des plus beaux de France. Un journaliste écrit même « *Nous pouvons dire qu'il s'agit là d'une des trois piscines du genre existant actuellement en France.* » On comprend alors la fierté de Jean-Claude Lestideau, son directeur et des élus, René Carême le premier lorsque, à côté de Nadia Kouhen alias Miss Grande-Synthe qui lui tend les ciseaux, il coupe le ruban tricolore. Sous la conduite de René Leroy, les invités visitent et apprécient ce nouvel équipement municipal. Ils arrivent au bord du bassin où depuis sept heures le matin des grands-synthois se succèdent dans un relais spectaculaire. Huit cents personnes de tous âges, chacune leur tour, accomplissent deux longueurs de 25 mètres de nage libre.

L'après-midi, c'est à l'équipe de France des meilleurs nageurs français de se mettre à l'eau. On les a vus aux championnats du monde et ils sont là. Francis Luyce, en maître de cérémonie au bord du bassin et micro à la main, les présente un à un au public qui n'en revient pas. Il est médusé. Et ce n'est pas terminé puisque les filles des ballets nautiques du C.N. Havrais apportent une note artistique et de grâce à ce week-end inaugural qui se clôt par du water-polo. Bruges rencontre Dunkerque Natation, et peut-être pour ne froisser personne en ce jour de fête, les deux équipes égalisent à cinq points partout.

Le succès de la piscine Léo Lagrange ne s'est jamais démenti depuis. Au fil de son existence, elle a été plusieurs fois fermée comme toutes les piscines pour entretien et petits travaux, mais à chaque fois c'est avec une impatience palpable que les sportifs et les habitants ont attendu sa réouverture.

A l'automne 1973, le club omnisports est rythmé par un redémarrage, celui du hand-ball qui était en stand-by. Il reprend son activité sous la présidence de M Kobusinski ; un départ, celui de M Danjou qui remet au comité directeur sa lettre de démission de la section haltérophilie, puis d'une demande de rattachement, celle du judo.

Le club de judo existe depuis juin 1966. Il a été créé par Germain Sobol dans le cadre du comité d'entreprise d'Usinor. Il a successivement eu comme professeurs Michel Ducornet, Fernand Gitrel, renforcée par Marie Paul Martin et pour les débutants Auguste Tinot. Le dojo se trouvait dans un bâtiment provisoire édifié à l'emplacement du stade de l'Ouest qui s'appellera bientôt stade Debussy. L'accès à ce sport était réservé aux salariés d'Usinor. En devenant une section de l'OGS, le club de judo de Germain Sobol s'ouvre à un plus grand nombre de pratiquants, cela lui offre de nouvelles perspectives en termes de développement et de compétition. Adoptée le 28 décembre 1973 par l'ensemble du comité directeur de l'OGS, la section est créée quelques semaines plus tard, en janvier. Lors de la réunion du 15 février, le comité directeur apprend la démission de Roger Platteeuw au football, c'est Augustin Dubois qui le remplace à la présidence de la section. Démission également de la section haltérophilie avec M Delanghe. La dissolution de la section haltérophilie sera prononcée à la fin de l'année 1974. Tout laisse à penser que c'est définitivement terminé pour ce sport, mais tel le Phoenix …

De son côté, Louis Baldan apprécie le nouveau président de la section football et se souvient bien : « *Au début le club, c'était un peu à la bonne franquette, on se débrouillait, mais Augustin Dubois qui était un ancien joueur et qui deviendra plus tard président du district maritime et vice-président de la ligue Nord-Pas-de-Calais, on peut dire qu'il a apporté un réel plus dans les compétences footballistiques du club.*»

En 1974, M. Décamp qui a évolué en Nationale 1, vient renforcer la section Volley-ball. Promu entraîneur, il remonte le niveau de l'équipe qui manque de très peu l'accession en Régionale 1, l'antichambre de la Nationale. Cette même saison, il constitue une équipe féminine.

A l'extrémité Ouest de la ville, les travaux de construction sont terminés. Adossé au terrain de football, le nouveau gymnase attend son inauguration. Les dates sont fixées, c'est pour les 18 et 19 mai 1974. René Leroy se rappelle le contexte de l'époque : « *En équipements sportifs, il y avait les salles des écoles, mais c'était la foire d'empoigne pour avoir une heure de salle. J'ai donc fait une salle multisports : la salle Debussy. Il était possible d'y faire cinq, six ou sept sports, je ne me souviens plus. Et puis une salle de basket avec une tribune de six cents places, alors qu'à l'époque les salles avaient des tribunes de trois cents places. Nous avions, comme ça, une belle salle de sports pour le basket qui se développait très vite. Il faut dire qu'il y avait quelques bons joueurs de la même famille. Les autres sports aussi ont pu se développer là. »*

Deux jours d'animations sportives et de découverte des disciplines regroupées là attirent beaucoup de monde. Dans ce nouveau gymnase qui deviendra le chaudron du basket synthois, on y retrouve le tennis de table, le judo et un peu plus tard, un sport de poids...
A l'affiche de l'évènement l'AS Berck, champion de France, contre le Standard de Liège en match de gala.

Dix jours plus tôt, René Leroy, qui estimait difficile d'être juge et partie, quitte l'athlétisme. Il en fait part officiellement au comité : « *J'ai donné ma démission à l'athlétisme, parce que je ne pouvais pas défendre leurs intérêts en étant encore président, donc j'ai démissionné pour me consacrer totalement aux sports et à la jeunesse.*» Jacques Vanderschuren devient le nouveau président de la section athlétisme.

 A la surprise de tous ou presque, l'élu aux sports quitte subitement l'équipe municipale. Il a en trois ans mis le sport en orbite en lui donnant des espaces dédiés comme entre autres la piscine et la salle Debussy ouverts au public qui peut venir encourager ses équipes. Il a aussi permis aux sections de se développer en leur octroyant des moyens de plus en plus importants. « *C'était toujours la foire d'empoigne pour les subventions. Nous avons augmenté les subventions pour les clubs sportifs. Elles ont été multipliées par deux, par trois voire par quatre. Ça a permis l'essor formidable des sports à Grande-Synthe.* » assure René Leroy.

A l'assemblée générale du 22 juin 1974, le maire René Carême vient rappeler que l'OGS peut compter sur les encouragements de la municipalité pour le développement des sports, tant en équipements qu'en subventions ; d'ailleurs la subvention globale pour la saison prochaine a encore augmenté significativement. Le maire fait le point sur les équipements : les courts de tennis et le gymnase Clémenceau sont en cours de finition, puis il détaille les prévisions avec une salle de boxe, un boulodrome, un lac d'une profondeur de dix-huit mètres, ainsi que des installations dans la ZAC du Courghain. René Carême présente aussi deux hommes en remplacement du premier adjoint qui est parti. Il s'agit de M Vilain et d'Alain Neuville. Ils héritent des sports et de l'animation de la ville avec pour objectif de favoriser les sports d'élite.

Avec des résultats qui s'étalent dans la presse locale au fil des week-ends, les rois de la petite reine réfléchissent, et Claude Limousin a une grande idée. Philippe Limousin raconte : « *Avec tous ces équipements sportifs qui commencent à fleurir un peu partout, mon père qui était plutôt un malin qu'autre chose, se dit qu'il ne faudrait pas qu'on oublie le vélo qui est en pleine progression. Il a donc entamé une discussion avec le maire, René Carême, en lui disant* - Tu sais le vélo sur route c'est quand même dangereux, c'est une activité à risque, (et il n'y avait pas la circulation qu'il y a aujourd'hui), ce serait bien qu'on ait un vélodrome parce qu'un vélodrome c'est vraiment l'outil pour former des champions. On a des jeunes qui arrivent, mais si on a ça, on sera au top. *René Carême l'a écouté avec beaucoup d'attention et de sérieux, il lui a dit* - Ecoute ce n'est pas ma priorité principale parce que je voudrais que chaque école ait sa salle de sports, mais dès que j'ai l'occasion, je le fais. *Il y a eu comme un pacte, un engagement moral entre ces deux personnes.* » En cette fin 1974, l'idée d'un vélodrome est au cœur de brumes épaisses d'où l'on ne lui voit pas de contours, pas de lieu pour l'installer, pas le budget pour le construire, et puis comme l'a dit le maire, pour l'instant les urgences sont ailleurs…

A la porte de l'OGS, frappe un club. Il n'est pas nouveau, mais son président, M Todeschini souhaite qu'il intègre l'OGS omnisports. Sous l'impulsion d'une poignée d'amateurs, ce club est précisément apparu à Grande-Synthe le 3 octobre 1967. Le Tennis Club Grande-Synthe (TCGS) partage alors avec d'autres disciplines l'une des premières salles construites dans la commune, la salle Chabrier. A la saison 1973-74, dix-huit adultes et une douzaine de jeunes constituent son effectif, mais l'arrivée d'un homme va créer l'évènement au sein de ce club : Stanis Kuchna. C'est un passionné de tennis, il vient de s'installer à Grande-

Synthe et il entreprend de former les jeunes et leurs parents à la pratique du tennis. Il établit les bases de ce qu'est le tennis aujourd'hui à Grande-Synthe. Le 20 avril 1975, la municipalité inaugure deux courts de plein-air qui vont permettre à la section tennis de développer encore mieux son activité en facilitant les entraînements.

Pendant ce temps, à quelques dizaines de mètres de là, derrière la Caisse d'Epargne, Ils sont quelques-uns à entraîner des chiens de façon un peu informelle. Ce sont des membres du Doberman Club Synthois fondé récemment. S'y trouve Bernard Junot : « *Pendant deux ou trois ans on s'est entraîné là, et au bout de ses deux ou trois ans, n'ayant pas de terrain on s'est dispersé. Certains sont allés au club de Coudekerque-Branche jusqu'en 1980. Ensuite, René Carême a demandé à Roger Wallet et Albert Puis de me contacter pour remettre en route le club qui est devenu l'Amicale Canine de Grande-Synthe à ce moment-là.* » Ils sont déjà là, mais beaucoup d'eau coulera sous les ponts avant que, dans le microcosme du sport synthois, on reparle de chiens, de maîtres-chiens et de compétitions de mondioring sous les couleurs jaune et bleu de l'OGS.

En 1975, avec déjà 150 licenciés, la section natation monte en puissance, Jean Proot raconte : « *Ça a vraiment été très vite, parce qu'il y avait quand même une pépinière d'enfants avec les tours en face. C'était une facilité pour eux de venir s'entraîner et puis on avait des facilités d'entraînement puisque les maîtres-nageurs entraînaient au club. Mon épouse en faisait partie aussi. Elle partait avec ses nageurs aux critériums nationaux, aux championnats de France. On est devenu très vite un club performant qui faisait, disons-le, un peu d'ombre aux clubs autour de nous.* » Ce sont les prémices des années 80 durant lesquelles l'OGS natation water-polo va marquer son époque. Un autre intérêt d'avoir un grand bassin à huit couloirs c'est que du coup toutes les grandes compétions régionales se déroulent à la piscine Léo Lagrange.

Olympique Grande-Synthe : sports de masse ou sports d'élite ?

1975 est une belle année aussi pour la section cyclisme qui réussit sa meilleure saison depuis sa création en 1966. Elle engrange 35 victoires et 27 coupes par équipe. A l'assemblée générale de l'OGS le 21 juin, le maire René Carême rappelle que les sports d'élite et les sports de masse sont complémentaires et qu'il ne cherche pas à les opposer, mais au contraire l'un doit être l'émulation de l'autre. Il rejoint là l'idée forte des hommes et des femmes qui ont fait naître le sport à Grande-Synthe. Ils avaient une philosophie forgée à l'aune de ce qu'ils étaient et de ce qu'ils pensaient. Ils envisageaient le sport comme un vecteur d'éducation et d'élévation de l'individu, avant même de créer des clubs à champions.

Leur principe : « *les enfants doivent pouvoir se développer harmonieusement à partir du sport. Ça leur procure des satisfactions et en même temps ils s'ouvrent à la vie collective.* » Il est alors davantage question de sport de masse que de sport d'élite, même si l'un ne va pas sans l'autre : du sport de masse nait le sport d'élite qui est lui-même nécessaire pour qu'un sport de masse existe. Jean-Luc Mierzejewski a son point de vue sur la question : « *On peut trouver des formules intermédiaires où l'on pratique à la fois le sport de masse et où l'on permet aussi à ceux qui ont les meilleures aptitudes de progresser au plus haut niveau, qu'on permette aussi de progresser à ceux qui ont des potentiels, disons, un peu moins forts. J'aurais plutôt tendance à dire qu'on peut concilier les deux. Au basket, à Grande-Synthe on jouait à un niveau relativement élevé, mais on ne jouait pas au plus haut niveau, si ce n'est les filles qui ont quand même joué en nationale 2. Donc, je ne les oppose pas aussi formellement. Ça peut arriver qu'on les oppose, si l'on fait totalement abstraction des écoles de sport et qu'on constitue des équipes d'élite en recrutant des joueurs qu'on paie à prix d'or, ce qui n'était pas du tout la philosophie de l'OGS.* » Philosophie partagée par Tony Gilliers : « *Si on voulait jouer aujourd'hui au tennis de table de haut niveau, on pourrait le faire. Il y a toujours des joueurs de bon niveau qui aimeraient venir jouer à Grande-Synthe. Ici, on a la chance d'avoir les moyens matériels, logistiques et financiers. On pourrait, mais l'OGS tennis de table a toujours refusé de payer un joueur. Ça n'est pas notre philosophie. Pour le moment et temps que je serais président, ça ne le sera pas. Nous évoluons au niveau départemental, nous évoluons de temps en temps en régional, mais on reste limité dans la mesure où pour accéder à d'autres sphères, il faudrait pouvoir remercier les joueurs et pour l'instant, nous ne le faisons pas. Nous sommes plutôt un sport de masse, c'est ce que nous recherchons même si notre salle fait neuf tables actuellement, ce qui fait dix-huit joueurs qui peuvent s'entraîner par séance d'entraînement. Nous sommes soixante-dix, on pourrait aller jusqu'à quatre-vingt ou quatre-vingt-dix licenciés, au-delà on n'aurait pas les capacités. Par conséquent, masse, si l'on entend venir jouer pour le plaisir, sans arrière-pensée ; alors oui nous sommes un club de masse. Élite, si nous y arrivons avec notre propre formation, ce serait avec grand plaisir. »*

En quatre années, il est indéniable qu'un gros effort pour la réalisation d'installations sportives a été consenti par l'équipe municipale. Par exemple, les courts de tennis extérieurs sont à peine inaugurés, que déjà le maire annonce qu'un bâtiment abritant quatre courts est à l'étude, ainsi qu'un stade qui sera réalisé au Courghain. Parallèlement, on est très loin aussi des 42.500 francs de subvention de 1970 et de la bataille des créneaux d'entrainement pour chaque discipline. A l'assemblée générale du 21 juin 1975, René Carême précise que l'ensemble du financement de l'OGS représente d'ores et déjà une somme de 540.000 francs. « *Il est bien entendu que les demandes des sections ne peuvent être toutes satisfaites en même temps, mais je ferai mon possible afin qu'elles soient toutes honorées dans l'avenir. Je sais aussi que plus les succès sont grands plus les ambitions des dirigeants sont grandes, soyez patients* »

La politique soutenue de développement des pratiques sportives est de plus en plus visible à travers la ville. Jean-Luc Mierzejewski a bien perçu ce changement de braquet au début des années 70. « *Ah oui, c'était visible ! L'équipement sportif se structurait dans la ville progressivement et jusqu'à se doter quand même d'un équipement sportif qu'on ne trouve nulle part ailleurs. A un moment donné, il y avait seize salles de sport. Il y en a sans doute plus encore maintenant. Pour une ville d'un peu plus de 20.000 habitants, c'est quasiment inédit, tout au moins dans la région. Donc là, il y a une forte volonté et je crois que c'est le militantisme de René Carême et le militantisme sportif qui se sont retrouvés à un moment donné pour finalement œuvrer ensemble. Il a beaucoup apporté au développement de la ville et encouragé le développement du sport, mais toujours dans cette logique d'éducation, par rapport au sport fric dont ce n'était pas l'objet.* » Il y a donc une vraie ambition partagée et une fierté d'élu bienveillant de lire, d'entendre ou de voir briller les couleurs portées par des sportifs de sa ville sur tous les terrains régionaux et nationaux. Plus loin encore, il y a une profonde réflexion sur les apports de la pratique sportive au bien-être de chacun. La même réflexion s'applique à la culture et à l'urbanisme, elles ont pour cible unique le citoyen.

Depuis une saison déjà M. Boucharain remplace M. Todeschini qui a démissionné de la présidence de la section gymnastique. Mme. Broutele vient épauler Mme. Lefebvre dans l'encadrement des gymnastes féminines. Cinq ans après sa création, la section semble bien avoir trouvé son allure. Elle participe avec beaucoup de brio à toutes les compétitions tant au plan régional qu'interrégional. Par ailleurs, M. Lefebvre, assisté de Mme. Rivière, crée l'école de gymnastique et met en place des séances d'entraînement tous les mercredis matin au gymnase Victor-Hugo.

A l'automne 1975, on parle karaté lors de la réunion du comité directeur. Une lettre émanant d'un habitant de Saint-Omer demande la création d'une section karaté au sein de l'OGS. Cette lettre attise la curiosité des représentants de sections. Le comité y répond de façon négative, signifiant son désaccord à la création d'une section karaté par une personne inconnue et vivant à Saint-Omer. Déçue de cette réponse, la personne insiste auprès du maire, sans qu'à l'OGS on ne comprenne vraiment la démarche.

Deux mois plus tard, en décembre, c'est l'intégration ou pas de la gymnastique volontaire féminine qui fait débat au sein du comité directeur. En effet, depuis la création de l'OGS, chaque discipline qui a rejoint le club doit avoir une vocation de compétition. Malgré que la gymnastique volontaire ne remplisse pas ce critère important, le débat ne parvient pas à trancher la question. Il est alors procédé à un vote des représentants de sections et le résultat est sans appel : onze voix contre et trois abstentions. La gymnastique volontaire ne sera pas une section de l'OGS. Lors de cette même réunion du 19 décembre 1975, Daniel Papin est élu à l'unanimité suite à la démission de M. Gomel au poste de secrétaire de l'OGS.

Après une absence de trois saisons, 1976 sonne le retour de l'haltérophilie avec une nouvelle équipe de dirigeants sous la présidence d'Eugène Minne. Ce redémarrage est toutefois conditionné par la section natation qui doit donner son accord pour l'utilisation de sa salle sous le bassin Léo Lagrange. Cette solution n'est que momentanée car vite à l'étroit, la section emménagera au gymnase Debussy. Céline Lopinski, qui ne prendra sa première licence qu'en 1987, réveille ses souvenirs avec nostalgie : « *On avait le dojo d'un côté et la salle de basket de l'autre côté. Les vestiaires, il fallait se les partager. Moi, je trouve que c'était une belle époque. Il y avait l'haltérophilie et la musculation mélangée et c'est vrai qu'il y avait une bonne entente. C'était un petit club familial. Il y avait une bonne ambiance. On était ouvert tous les jours contrairement à maintenant. C'est vrai que j'ai connu la belle époque à ce niveau-là. Quand l'haltérophilie était là, tous les plateaux étaient pris, tous les jeunes étaient là, les entraîneurs, les bénévoles. Lorsque je suis arrivée ça grouillait donc je pense que ça grouillait déjà avant.* » La section connaît un bel essor. Dans les années qui vont suivre, elle sera présente régulièrement au plus haut niveau régional, national puis international.

Depuis la création de l'OGS, la section tennis de table, qui est plutôt discrète, traverse les saisons sportives en faisant, comme on dit, son petit bonhomme de chemin. Bon an mal an, elle est présente dans les critériums et les championnats avec des talents qui commencent à pousser et à faire parler d'eux, ou plutôt d'elles, car ce sont les filles qui durant la saison 1975-76 vont écrire en lettres d'or quelques pages d'histoire de la section. Tony Gilliers se rappelle : « *Nous avons vécu une grande époque, précisément la saison 75-76 où nous avons vu notre équipe féminine finir première en nationale 2 et donc monter au plus haut échelon de la compétition française en tennis de table, donc en nationale 1, à l'époque.* » Les filles : Martine Banckaert, Brigitte Ramart et Mireille Derycke-Bailleul raflent le titre après avoir battu en finale l'ASPTT Savoie 6 à 2. « *Brigitte Ramart, Martine Banckaert et Mireille Derycke-Bailleul ont toutes été championnes, championnes du Nord, championnes de Flandre, elles ont toutes été sélectionnées en équipe du Nord. On a eu des joueuses qui ont été sélectionnées en équipe de France junior, à l'époque où Daniel Papin était président du club. Il avait ses deux filles qui jouaient : Christine et Catherine. Christine qui est allée en nationale a été une très bonne joueuse, si elle avait continué encore un peu, elle aurait pu être très très bonne, en tout cas elle faisait peur aux meilleures.* » Avec une pointe de mélancolie et un œil dans le rétroviseur, il ajoute « *Nous avons réussi à évoluer en Régionale 2, en tout cas en garçon avec moi, mais nous n'y sommes pas restés très longtemps. Hélas, ça fait bien quinze ans que nous n'y sommes pas allés. Je suis assez impatient d'un jour pouvoir y remettre les pieds et j'espère avant de m'arrêter... En 1975-1976, nous avions cinq équipes de filles et cinq équipes de garçons.* » La société qui change, la quasi absence du tennis de table dans les médias, les occasions offertes de vivre d'autres choses, les envies sont différentes et pour le tennis de table Tony Gilliers fait le constat empreint de nostalgie et de regret mesurés : « *Malheureusement aujourd'hui et depuis que je suis président, il n'y a plus d'équipe féminine, en tout cas plus en adulte, donc je n'ai pas eu la joie en tant que président de connaître le niveau national. On a beaucoup de filles jusque 13-14 ans, jusque cadette, mais nous n'avons pas de junior, nous n'avons pas de senior et c'est là que le bât blesse.* »

A l'assemblée générale de juin 1976, René Carême fait part de sa grande satisfaction quant au nombre important de victoires toutes sections confondues, ainsi que du nombre de licenciés qui est en nette augmentation, peut-être parce que la doctrine fondamentale qui guide les sports synthois et adoptée de tous, est cette fameuse idée que le sport de masse peut conduire au sport d'élite qui crée l'adhésion. Par ailleurs, Grande-Synthe est une des villes les plus jeunes de France, ceci permettant peut-être cela... Puis une question fuse à propos de l'idée d'un vélodrome. Le maire répond par un rappel sur l'effort consenti par la municipalité. « *Il y a quatre ans, l'OGS recevait 80.000 francs. Aujourd'hui, près de 7 millions de francs. Il est impossible de réaliser immédiatement toutes les demandes. Nous prendrons en considération toutes les sollicitations et nous essaierons d'y faire face.* » Cette réponse, faite à l'ensemble des représentants de sections, cache une double demande du maire : celle du temps et celle de la confiance, les deux lui seront accordées.

En dehors de la ville, le creusement du lac fait naître des idées. Des projets se profilent et le comité de direction reçoit la demande de M. Peuple et M.

Raux qui veulent créer une section nautique. Son agrément est toutefois suspendu à deux conditions : d'une part, l'accord de la municipalité, d'autre part, que le nom de la section soit "cercle nautique OGS". Cercle nautique probablement pour pouvoir englober d'emblée toute nouvelle pratique sportive sur l'eau qui pourrait se déclarer et éviter ainsi la multiplication d'appellations et de disciplines autour du plan d'eau du Puythouck. Certains souhaitent créer une section plongée, mais le peu d'écho qu'elle reçoit ne donne que peu d'avenir possible à cette idée.

Le cercle nautique OGS démarre ses activités à la rentrée 1976-77. Avec ce nouveau venu, le club omnisports comprend désormais douze sections avec l'athlétisme, le basket-ball, le cyclisme, le football, la gymnastique, l'haltérophilie, le hand-ball, le judo, la natation, le tennis, le tennis de table et le volley-ball. Huguette Mierzejewski annonce, le 25 octobre, la démission de M. Marchand à la fois comme joueur et comme président de la section tennis de table. C'est M. Leleu qui assure l'intérim. On apprend également que la section tennis vit un paradoxe difficilement compréhensible à prime abord : alors que Grande-Synthe est une des villes les plus jeunes de France, le tennis synthois manque d'adolescents sur les courts. Une partie de l'explication se trouve peut-être dans la sociologie de la commune qui est avant tout une cité ouvrière, contrariée par l'image du tennis considéré à l'époque comme un sport bourgeois. D'autres écueils participent à cette absence de jeunes sur les courts de l'OGS tennis : la difficulté à pratiquer ce sport à l'intérieur-même de la structure, il faut réserver un court dans des créneaux horaires pas toujours faciles. Il faut trouver un partenaire de niveau égal ou proche. Il n'est pas facile non plus de pratiquer le tennis en dehors de la structure car s'il est vrai qu'il suffit d'un ballon et de deux blousons pour improviser une partie de foot, il est plus difficile d'en faire autant pour le tennis. Il y a aussi la spécificité du rebond de la balle au sol lié au jeu lui-même, ce qui ne permet pas de jouer dans le jardin, dans la rue ou à la plage, et puis il y a l'équipement relativement onéreux. Autant de freins à la pratique de masse du tennis sont autant de combats que la section doit mener auprès du public jeune. La réponse réside peut-être dans l'aménagement prochain de courts couverts et d'un club house qui amèneront de plus grandes possibilités et une convivialité accrue. Le tennis tient là un gros chantier, il doit se vulgariser, se démocratiser. Pendant ce temps, la section haltérophilie hébergée sous le bassin de la piscine évoque l'étroitesse de l'endroit et les risques d'accident qui peuvent en découler. A la section volley-ball on imagine la grande parade des sports à travers la ville et demande la création d'un défilé des sportifs dans Grande-Synthe. L'idée proposée est aussitôt oubliée par le comité directeur.

Des anciens, des nouveaux, entre ceux qui partent et ceux qui restent

En cette année 1977, les élections municipales viennent de reconduire René Carême au siège de maire. Parmi les petits changements, l'OGS note qu'Albert Puis, adjoint aux sports sous la dernière mandature, parti aux finances, est remplacé par M. Cadet. Si le conseil municipal est partiellement renouvelé, ses idées ne sont pas toujours celles de l'ancien. Après les exigences des sections viennent les exigences de la municipalité, non pas pour diminuer l'efficacité de l'aide apporter aux sports, mais au contraire afin de l'accentuer pour toujours plus de sport de masse. La nouvelle équipe municipale pense que le lien entre l'OGS et la mairie doit être renforcé pour un travail en commun. A cet effet, elle met en place un secrétariat plus étoffé au service des sports et nomme Jean-Luc Mierzejewski à sa direction au sein de la mairie. Des décisions sont prises en matière d'équipement, notamment pour le CES Anne Frank qui obtient une salle et un terrain de sports, prévus pour 1978. C'est le huitième gymnase sur la commune. La ville va acheter des terrains sur la zone du Puythouck avec la ferme intention d'y créer une zone de loisirs et de sports. D'un autre côté, l'haltérophilie rappelle l'exiguïté de sa salle. Un bref instant, il est imaginé de reprendre la salle de la boxe pour installer l'haltérophilie, mais l'idée est aussi vite abandonnée. La gymnastique souhaiterait avoir sa salle dédiée, toutefois le maire répond qu'il est impossible de promettre un tel équipement dans l'immédiat.

Coup de théâtre à l'assemblée générale du 18 juin 1977. Huguette Mierzejewski signale qu'elle n'est plus seconde représentant du basket et de ce fait ne peut plus présider le comité directeur. Elle quitte donc la table du comité. M. Dufour, doyen d'âge, préside alors la séance. Ils sont nombreux ce soir-là à déplorer ce départ et M. Dufour s'en fait le porte-parole en laissant couler ses sentiments mêlés d'éloges et de regrets, rappelant l'action de Mme. Mierzejewski au sein de l'OGS qu'elle avait contribué à créer en 1963. Il rappelle que depuis douze ans qu'elle était présidente, elle a su être la gardienne des statuts, même dans les temps difficiles et que si elle avait été dure parfois, cette dureté fut nécessaire pour mener à bien une telle organisation au niveau où elle se trouve.

René Carême qui salue le départ d'Huguette Mierzejewski rappelle que si beaucoup a déjà été fait en matière d'équipements sportifs à travers la ville, il reste encore des choses à faire, des demandes et des nécessités à transformer en réalité pour les habitants. « *Nous avons de nombreuses demandes de jeunes, ils veulent un cinéma, nous allons agrandir la MJC. Nous avons déjà réalisé la polyclinique, l'extension du centre aéré, la nouvelle mairie qui nous sera livrée en mars prochain. Vous pouvez compter sur le nouveau conseil municipal très sportif et décidé à répondre à des objectifs communs pour le bien de tous. Quand nous promettons, nous tenons nos promesses. Si nous ne pouvons assurer la réalisation de vos demandes nous ne promettons pas de les satisfaire. Le développement de l'OGS et du sport pourra se poursuivre dans un esprit de communauté à travers nos objectifs.* » Avec le départ de Mme. Mierzejewski, l'OGS doit procéder à l'élection d'un nouveau comité directeur, rendez-vous est donc donné cinq jours plus tard, Le 23 juin 1977, Emile Dufour, président par intérim organise les élections du comité directeur. Des postes à pourvoir, des candidats et un scrutin à bulletins secrets plus tard, les urnes délivrent le résultat des votes : à vingt voix contre cinq pour Paul Roussel, Daniel Papin est élu président. M. Roussel est élu à l'unanimité à la vice-présidence, tandis que Marcel Ghéwy est élu à l'unanimité au poste de trésorier. Yves-Pierre Ferland, qui était candidat au poste de secrétaire, y est aussi élu à l'unanimité.

Une dizaine de jours plus tard, l'OGS cyclisme organise le championnat de Flandres Artois qui est son premier gros évènement avec départ et arrivée en centre-ville. Philippe Limousin ravive ses souvenirs : « *C'était le 3 juillet 1977, une épreuve en ligne de 184 kms, trois tours à couvrir sous une chaleur terrible pour les coureurs. Une course mémorable, somptueuse et un vainqueur incontestable, notre Alain Molmy à nous !! Le champion de l'époque. Le jeune Michel Dran de l'OGS se classe troisième.* »

La trêve estivale terminée, la première assemblée du nouveau comité directeur ouvre la saison 1977-78. Yves Pierre Ferland fait part de la démission de M. Danjou de la section haltérophilie. Il est remplacé par M. Emmeneger. Si depuis une toute petite dizaine d'années, la ville se dote de gymnases et d'équipements sportifs répondant aux besoins des différentes sections sportives, il n'en demeure pas moins encore quelques difficultés de réglages dans l'utilisation des salles et le respect des horaires de chacun. Un différend oppose les sections volley et athlétisme au sujet de l'horaire de disponibilité de la salle Léo Lagrange. Ne trouvant pas à régler leur différend elles-mêmes, la question est portée devant le comité directeur pour trouver une solution. C'est la section basket qui, par l'intermédiaire d'Yves-Pierre Ferland, propose de céder une partie de son temps du gymnase Clémenceau. Cette petite anecdote permet de vérifier que les grandes valeurs fondatrices de l'OGS ont bien été transmises et restent intactes quinze ans après.

Arrivé il y a quatre ans, Abdou N'Diaye, qui a permis à l'équipe fanion de la section basket d'être sacrée championne de France en N4, souhaite jouer à un niveau supérieur et quitte le basket synthois.

Une assemblée générale qui fait date

A l'assemblée générale du 2 juin 1978 M. Cadet note l'effort fait en faveur de la jeunesse, pour donner aux adolescents le goût du sport. Le conseil municipal souhaite de son côté favoriser la pratique du sport dès le plus jeune âge. L'élu commence son exposé par une boutade, puis il détaille les options choisies par le conseil municipal en matière de pratiques sportives : « *La pratique du sport dès le berceau. On peut arriver à remédier à un certain nombre de manques chez l'enfant dès l'âge de deux à quatre ans grâce à des exercices basés sur la psychomotricité. Plus tard, à l'école primaire, il faut que l'EPS fasse partie intégrante de la vie des écoliers et le sport de ses loisirs. Le ministère de l'éducation doit prendre ses responsabilités quant à l'application du temps d'EPS : cinq à six heures selon les cours dans le cadre du tiers-temps pédagogique. Dans l'immédiat, des moniteurs municipaux en nombre plus important œuvreront pour pallier à ces carences. Au niveau du secondaire et en complément de l'école primaire, la municipalité envisage la création d'une école municipale des sports fonctionnant le mercredi et le samedi. Les enfants y recevront une initiation sportive avec libre choix du sport qu'ils désirent pratiquer. »* La santé, l'équilibre, le bien-être sont déjà des préoccupations importantes auxquelles la municipalité s'intéresse. Le sport est alors perçu comme un moyen, dès l'enfance, d'être en bonne santé.

L'adjoint aux sports souligne également que le problème majeur de nombreuses sections c'est l'encadrement. L'élu vient de mettre le doigt sur une vraie problématique. Dans toutes les sections, on s'organise comme on peut, rien n'a changé ou presque depuis quinze ans ; seulement il y a quinze ans tout démarrait, chaque instant était un moment d'improvisation, d'invention sans modèle, sans référence. Amateurisme et bénévolat étaient les champions en coulisses. L'OGS s'est peu à peu professionnalisée au gré des nouvelles règlementations, des développements, des nouvelles façons de faire vivre un club. Les responsabilités ont changé de dimension à tous les niveaux de compétence. L'élu lance alors l'étude de faisabilité d'engager des entraîneurs qualifiés et rétribués. Certains détails restent à régler, mais déjà appel est fait aux pratiquants qui se sentent une vocation d'entraîneur, ils seront aidés à le devenir. Avec cette réflexion et ce projet, M. Cadet fait entrer l'OGS dans une nouvelle ère qui constitue encore la modernité d'aujourd'hui.

L'élu continue son constat avec les disciplines qui ont atteint un certain niveau dans la compétition. *« Il faut éviter la stagnation des équipes. Cet état est source de difficultés et amène assez rapidement la régression. »* Sans dire le mot, on pense à professionnalisation des processus, suivi des parcours, réalisme des objectifs fixés au début de saison, à un sport qui se structure comme une entreprise qui veut gagner des parts de marché dans un environnement concurrentiel exacerbé. M. Cadet pense également à soulager la tâche des bénévoles *« Le service des sports pourrait se charger de certaines tâches administratives dactylographiques par exemple, mais il est évident que la responsabilité de ce service ne se substituerait pas à celle des sections. »* M. Cadet n'en reste pas là, Il arrive sur un sujet qui a toujours eu beaucoup de succès : les équipements. Ils sont nombreux sur la ville et le développement n'est pas terminé, mais ils sont aussi très vite saturés. L'élu réitère comme à chaque assemblée générale de l'OGS, qu'il ne faut pas hésiter à demander, à proposer. *« Il est bon de demander, il faut demander, même s'il est évident que les réalisations ne se feront pas dans l'immédiat. »* Alors revient la question d'un éventuel vélodrome. Les brumes épaisses semblent se dissiper. En tous cas, la réponse de M. Cadet lève un voile qui réjouit les cyclistes, Claude Limousin le premier quand il entend *« L'anneau cycliste c'est un projet à court terme deux à trois ans. »* Pour les gymnastes qui attendent une salle dédiée, c'est sûr, elle sera réalisée au Courghain, mais il leur faudra encore patienter quelques années. *«Pour l'haltérophilie, on pense pouvoir la remettre bientôt dans ses murs c'est-à-dire dans le local qui lui avait été primitivement attribué salle Debussy.»* annonce l'adjoint aux sports.

L'aménagement des berges du lac en cours de réalisation est inscrit dans la programmation budgétaire 1979 de la commune, tout comme les courts de tennis. Jamais auparavant assemblée générale n'avait été aussi chargée en propositions, annonces et projets.

Le 9 octobre 1978, ce n'est pas le président qui ouvre la séance, mais le vice-président qui lit la lettre de démission de Daniel Papin. Présent dans la salle, il lui est demandé de venir s'expliquer. Il prend alors la parole et détaille les raisons qui le poussent à ce choix contre son gré : des charges de plus en plus lourdes qu'il était amené à assumer comme président de la section tennis de table et le peu d'esprit coopératif des membres du comité de cette section lui devenaient insupportables. Il se voit donc obligé de se démettre de ses fonctions au tennis de table et en conséquence, conformément aux statuts de l'OGS, n'étant plus membre du comité directeur, il ne peut plus être le président du club omnisports.

Par ailleurs, deux associations demandent leur rattachement à l'OGS. La première c'est le tir à l'arc et la seconde de plongée sous-marine. Avec la démission de Daniel Papin, le comité de direction doit procéder à de nouvelles élections, il ne peut donc pas se prononcer d'autant qu'il est en attente de pièces administratives justifiant l'existence légale de ces associations.

Reconnu parmi ses pairs, il deviendra un président emblématique de l'OGS

M. Roussel sollicite les candidatures pour le poste de président de l'OGS, en précisant qu'il n'est pas candidat. Yves-Pierre Ferland se porte candidat. Le vote est organisé et le dépouillement fait apparaître dix-neuf voix pour M. Ferland, deux voix pour M. Roussel qui n'était pas candidat, une voix pour M. Papin, pas candidat non plus et deux bulletins blancs. Yves-Pierre Ferland est donc largement élu. Claude Limousin qui brigue la vice-présidence est élu à l'unanimité. Paul Roussel, candidat au poste de secrétaire, est élu à l'unanimité, tandis que Marcel Ghéwy est reconduit à l'unanimité au poste de trésorier.

Début novembre 1978, le comité apprend la démission de Mme. Kuchna de la présidence de la section tennis et la nomination dans la foulée de René Szymkowiak. A peine un mois plus tard, Pierre Gars informe le comité que ses nouvelles fonctions de conseiller municipal délégué aux sports l'amèneront peut-être à solliciter son remplacement à la présidence de la section volley-ball. Cependant, de façon unanime et sur proposition de M. Ferland, le comité invite M. Gars à conserver ses fonctions de président.

L'année 1979 commence par un départ, celui de M. Vanderschuren. Il quitte sa fonction de président tout en restant quand même attaché à la section athlétisme. Marcel Ghéwy fait part des modifications que cette démission entraine au sein du bureau de la section. C'est Jean-Paul Canivez, vice-président qui assurera les fonctions de président jusqu'à la prochaine assemblée générale de la section. Ce début d'année 1979 est aussi marqué par le souhait de la municipalité de mettre en place un centre médico-sportif. Début mars, lors d'une réunion du comité de direction de l'OGS en présence d'Albert Puis, des groupes de travail sont invités à se pencher sur la mise en place de ce centre médico-sportif. Une large concertation est souhaitée avec des médecins du sport, l'encadrement sportif et la politique du sport de la ville. Chaque section est également invitée à y participer. Ce centre serait ouvert à tous les sportifs de l'OGS et un planning de passage de visites médicales pourrait être établi afin de faciliter cette démarche obligatoire pour chaque sportif, et alléger le suivi en section. La réflexion est engagée, pendant ce temps, la section nautique est confrontée à des difficultés de personnes et organisationnelles. Christian Raux responsable de la voile au sein de la section sports nautiques demande au comité de direction de l'OGS la scission en deux sections distinctes, l'une voile, l'autre aviron. Yves-Pierre Ferland promet de revoir cette question en présence de M. Peuple responsable de l'aviron au sein de la section nautique, dont les absences répétées aux réunions du comité sont soulignées et laissent interrogatif le bureau, mais pas longtemps. La situation ambigüe aux sports nautiques trouve son épilogue avec la démission de M. Peuple.

Le 7 mai 1979, le comité doit étudier une demande de rattachement à l'OGS. Yves-Pierre Ferland relate l'entretien qu'il a eu avec une personne qui se présentait comme responsable d'une association de plongée sous-marine. De cet entretien, le président du comité retient que cette association désire entrer à l'OGS dans le seul but d'obtenir des subventions. Yves-Pierre Ferland qui trouve cette motivation un peu courte pour être recevable, pose toutefois la question de savoir s'il existe des compétitions de plongée sous-marine. M. Verwaerde ayant quelques connaissances en la matière précise que de telles compétitions ne peuvent avoir lieu sur notre littoral. Afin de formuler sa réponse en prévision d'une demande officielle de cette association, le président demande que les responsables de sections émettent tout de suite un avis. Cet avis est défavorable, fondé sur le peu de sérieux de la demande.

La saison se clôture par l'assemblée générale du 22 juin. Le maire qui a écouté chaque responsable de section présenter son bilan sportif, précise dans son discours que « *Le sport doit continuer à reposer sur le bénévolat, seul capable de garantir un esprit sportif sans complémentarité avec le porte-monnaie.* » Cette phrase est un écho aux demandes de certains compétiteurs qui réclament à leur section des salaires, des primes, des indemnités en contrepartie de leurs performances sur les stades et dans les salles. Prémices locales d'un changement radical d'esprit dans le sport. Les années 80 vont transformer à l'échelle du monde le sport en business. Certaines sections de l'OGS ont eu à gérer quelques exigences de sportifs. Louis Baldan qui a traversé cinquante ans d'amour du sport pour le sport : « *On a eu de belles années parce que l'argent n'était pas le moteur. À cette époque-là on ne parlait pas encore de fixes, de primes de match, de ci et de ça.* » L'intelligence des dirigeants de section synthois a permis de regarder de loin cette nouvelle société du sport qui a changé le sportif en produit marketing de tête de gondole.

Depuis plusieurs années la ville négocie le rattachement de ce qui deviendra dans quelques mois deux nouveaux quartiers : l'Albeck et les Anciens Jardiniers. Cédés par Dunkerque à la demande des habitants eux-mêmes, ces deux futurs quartiers de Grande-Synthe comportent un chapitre sport. En ce mois d'octobre 1979, le comité directeur de l'OGS lance une discussion sur le rattachement de ces quartiers et l'incidence que ce rattachement pourrait avoir sur l'OGS. Il y existe un club : l'ASDO. L'OGS prendra contact avec ce club pour définir les contours d'un avenir sportif commun.

La formule "rien ne se perd, tout se récupère" semble très bien s'appliquer au sport. Depuis la dissolution de la section nautique, son matériel, stocké dans un bâtiment technique de la mairie, fait l'objet de convoitises, notamment d'une association et d'un professeur de gymnastique du collège Anne Frank qui demandent ensemble l'autorisation d'utiliser une partie de ce matériel. Le comité directeur y est favorable, mais d'autres demandes arrivent à l'OGS : l'une est une demande d'acquisition de la remorque de la section nautique et une autre concerne l'utilisation des bateaux optimistes. Plusieurs solutions sont envisagées pour utiliser ce matériel : la vente des bateaux, le prêt du matériel au centre aéré et au club Léo Lagrange. La question finalement est à l'étude, mais il semble préférable selon Pierre Gars, que ce matériel soit vendu d'une façon globale.

Les années 70 se terminent et la nostalgie aux accents de triomphe de Louis Baldan fait un rapide balayage sur ces dix années passées : « *Nous avons eu un président, Paul Roussel, il était directeur de la Caisse d'Epargne de Grande-Synthe. C'était un vrai amateur dans le sens noble du terme. Il a renforcé la structure du club avec des dirigeants qui sont encore là aujourd'hui. Je veux parler de René Ségard, Jean-Marie Boeuf, André Rigaud. C'est entre 1970 et 1975 qu'ils sont arrivés, et ils sont toujours là. Les époques sont toujours bonnes lorsqu'on gagne, lorsqu'on* voit que le club monte de division quasiment chaque année. De 1970 aux années 80, le club est passé de la première division maritime à la division d'honneur, je crois que c'est pas mal. Il ne faut pas oublier les équipes de jeunes qui ont évolué à de hauts niveaux. Nous avons eu des cadets nationaux, ils allaient jouer contre Rouen, Le Havre, Paris, … »

Au tennis aussi la nostalgie flotte sur les courts et des filets aux tons sépia que Francine Thalleux repeint aux couleurs de sa mémoire : « Moi, je ne jouais qu'en loisirs, je ne faisais pas de compétition. À l'époque, le tennis était assez sélectif, mais on avait une bonne équipe. C'était axé compétition, le loisir est venu après. Alors le club a rassemblé des gens qui venaient pour le loisir comme les médecins de la polyclinique, les directeurs d'usine, on avait un peu tous les milieux. Tout ça c'était à un niveau assez haut et petit à petit, ça s'est démocratisé. On venait faire du sport pour se détendre, pour se vider la tête et c'est ce qui était bien. On faisait le tournoi open et c'était très important parce qu'on avait des joueurs qui venaient d'un peu partout, d'Australie et d'ailleurs et c'était vraiment quelque chose d'exceptionnel. Aujourd'hui du tournoi open il y en a partout. Moi j'ai vécu des moments exceptionnels avec ce tournoi open. Je me suis retrouvée masseuse d'un joueur qui avait mal à un muscle avant de jouer. Je me vois encore avec les glaçons. A cette époque-là, on se battait presque au portillon pour prendre une permanence. C'était la grande époque du bénévolat et on n'avait pas de problème de ce côté-là. Moi j'ai attendu peut-être quatre ou cinq mois pour avoir ma place tout un après-midi en tant que bénévole, et surtout j'ai dû apprendre comment être permanent. C'était important parce qu'il y avait une formation, on n'était pas permanent comme ça… et c'était sympa parce que ça nous a permis de mieux adhérer au tennis parce que moi j'étais dans le tennis par rapport à mon mari, mais je n'y connaissais rien avant. » Des utopies nées à la fin des années 60 prolongées dans les années 70 cèdent la place aux rêves des années 80, héritage…

Les années 80, une décennie sportive comme jamais auparavant.

Les années 80 constitueront à Grande-Synthe une décennie sportive avec des évènements et des résultats comme jamais auparavant. Pour commencer, 1980, c'est l'année du water-polo, du cyclisme et les féminines séniors du basket qui terminent la saison avec leur montée en nationale 2…

Un homme vient d'arriver en ville. Suivi par sa réputation, il ne reste pas longtemps anonyme. Jean-Claude Lestideau directeur de la piscine Léo Lagrange conseille vivement Jean Proot de ne pas laisser passer une chance comme celle-là. L'homme qui vient d'arriver, c'est Georges Maurice Chevalier qui se souvient et raconte : « *Je jouais et j'entraînais à Thionville et j'ai été muté à Usinor Dunkerque. Quand je suis arrivé, j'ai cherché un logement et quand j'ai trouvé ma maison, j'ai vu débarquer Jean Proot et Jean Guermonpret qui sont venus me voir pour essayer de me recruter comme entraîneur de l'équipe de water-polo de Grande-Synthe.* » L'OGS natation a une équipe, mais les joueurs sont partis à Dunkerque qui joue en nationale 1. « *Thionville jouait aussi en nationale 1 et c'est comme ça qu'on s'est connus. C'est là que j'ai connu le dénommé Ch'ti, Jean-Claude Lestideau qui était le capitaine de l'équipe si ma mémoire est bonne. Quand il a su que j'allais peut-être venir sur Dunkerque, il a dit à Jean Proot, il faut tout de suite aller le chercher. Donc j'ai débarqué à la piscine et j'ai pris l'équipe de polo en tant qu'entraineur. J'ai eu le bonheur d'avoir une équipe qui était pas si mal que ça, parce qu'il y avait beaucoup de très bons joueurs qui venaient de Dunkerque. Je ne les connaissais pas bien, mais dès la première année, on a été champions de France de nationale 3 et les années suivantes on a fait deux finales consécutives de nationale 2.* » Georges Maurice Chevalier se rappelle encore : « *C'était un très très bon club, mais par contre, il fallait former des jeunes et c'était le plus gros problème parce qu'un bon nageur n'est pas forcément un bon poloïste, c'est vachement différent. Quand on forme quatre ou cinq joueurs, au bout de quatre ou cinq ans, il n'en reste qu'un, mais on avait du monde et on avait la piscine à gogo. Les heures d'entraînement étaient exceptionnelles. Je n'ai pas connu ça en Lorraine où c'était plus restreint. Là-bas, la piscine était beaucoup moins bien adaptée qu'ici. Tout ça a permis au club d'avoir une des meilleures équipes… Allez ! Une des quinze meilleures équipes françaises. On était à deux doigts de monter à l'élite, en première division.* »

Des Bains Dunkerquois aux bassins du monde entier, il est passé par la piscine Léo Lagrange

Quand on parle d'élite, dans le petit monde de la natation synthoise, Jean-Claude Lestideau tient une place particulière, d'ailleurs Grande-Synthe est bien petite pour lui qui parcourt le monde en tant que compétiteur inoxydable. C'est un squatteur qui occupe avec assiduité la plus haute marche des podiums. Mi-homme mi-poisson, né en 1946, le jeune Jean-Claude entre dans la carrière au début des années 60 en alignant les longueurs de bassin aux Bains Dunkerquois, sous la conduite du grand Gourou René Leferme. *«C'est lui qui m'a tout appris de la natation.»* confesse-t-il. En 1966, le voilà déjà international, spécialiste du dos. En 1973, il est le directeur de la toute nouvelle piscine Léo Lagrange. Il goûte au water-polo avec un bon niveau national. Il cède durant quelques années sa place d'entraîneur à Georges Maurice Chevalier, puis la reprend pour entraîner les jeunes poloïstes de l'OGS qu'il mène trois années de suite au titre de champion de France en 1986, 1987 et 1988. A la fin des années

80, Lestideau découvre le triathlon. Il y prend d'autant plus goût, qu'il commence à gagner et s'aperçoit même de son bon niveau de vétéran qu'il confronte aux cracks de chaque discipline respective : natation, course à vélo et course à pied. Il décroche une quatrième place à Vilamoura au Portugal en 1992. Quatre ans plus tard, il revient de Cleaveland avec le titre de vice-champion du monde vétéran. L'année suivante, il est champion du monde des masters de natation à Casablanca. Au championnat du monde de triathlon à Edmonton dans l'Ouest canadien, en 2001, il gère si bien sa course qu'il creuse tout de suite l'écart dans l'épreuve de natation. Sur son vélo, il accentue encore son avance parce qu'il sait que son maillon faible c'est la course à pied et que c'est à ce moment-là qu'il est le plus vulnérable, mais ses moyennes de course sont à faire pâlir : 20 minutes aux 1.500 mètres de natation, puis il a roulé à une vitesse de 40 km/heure à vélo, et couvert les 10 km de course à pied en 39 minutes. A l'arrivée, il décroche la médaille d'or en finissant cinq minutes avant les autres, devant trois américains, un canadien et son principal rival l'espagnol Murillo relégué lui, à la onzième place. Le nageur Grand-Synthois est devenu en juin 2012 quadruple champion du monde masters à Riccione en Italie. Insatiable, il frappe encore lors des championnats de France d'hiver des maîtres qui se sont déroulés à Chartres en mars 2013. Il remporte, comme à son habitude, le grand chelem, c'est-à-dire cinq nouveaux titres de champion de France : le 50 mètres et le 800 mètres nage libre, le 100 mètres dos, le 200 mètres et le 400 mètres quatre nages. Il détient un autre record, celui de nageur le plus titré de l'hexagone avec au compteur 169 médailles d'or en individuel. Le bonhomme, au naturel décontracté et rigolard, brasse l'eau des bassins du monde entier dans la catégorie master, eu égard à son âge… 67 ans, oui Madame ! Il conclut lui-même : « *La natation, pour moi, c'est le meilleur sport qu'on peut pratiquer jusque cent ans !*» Ses adversaires sportifs sont prévenus…

Avec un anneau, la petite reine va créer des générations de princes et de rois

Le 3 mai 1980, le sport est en fête et plus particulièrement les cyclistes. Philippe Limousin raconte : « *La ville, mon père, l'OGS cyclisme inauguraient le vélodrome. Ça été une grande récompense pour le club, une reconnaissance incroyable. Sur le plan sportif, je pense pouvoir dire à la place de mon père que c'était sûrement l'un des plus grands moments de sa vie de dirigeant sportif. Ça été le début d'une nouvelle ère dans l'histoire du club. Le 3 mai 1980, on s'est retrouvé avec un vélodrome près de chez nous. Avant, on allait régulièrement à Saint-Omer ou à Roubaix et donc évidemment les déplacements c'était assez compliqué et là, un vélodrome au pied de la maison, c'était incroyable. Mon père a toujours fait passer l'idée auprès de René Carême que le vélodrome c'était un outil de travail comme peut l'être une piste d'athlétisme, et on a vu les jeunes coureurs, dont je faisais partie, progresser, parce que le coup de pédale de piste, cette technicité, cette vélocité, c'est le b-a ba du talent dans le vélo. On a glané des titres de champions régionaux par dizaines, on a des titres de champions nationaux, on doit en avoir une trentaine, bref on s'est distingués sur des podiums aux championnats du monde, ça été une nouvelle histoire qui est née avec ce vélodrome. »*

Dans son discours inaugural, le maire, René Carême, ne manque pas de rappeler qu'il a fallu moins de dix ans pour que s'élève ce nouveau vaisseau amiral du sport synthois. Six ans exactement depuis qu'un jour de 1974 Claude Limousin glissa à l'oreille du maire cette idée de vélodrome, jusqu'à son inauguration. "*Un des plus beaux vélodromes de France !!!*" Ce sont les mots inscrits sur le livre d'or ce jour-là par bon nombre de personnalités tels que Daniel Morelon, Pierre Trentin, Gérard Quintyn, Jacky Mourioux, entre autres.

Au soir même de l'inauguration, des vocations sont nées. Des chapelets de jeunes se sont épris du vélo. Tous ne sont pas devenus de grands cyclistes sportifs, mais cette journée avait été éblouissante « *Une journée inoubliable dans une carrière de dirigeant, et la rencontre "France-Belgique" avec les équipes en préparation des jeux Olympiques de Moscou.* » finit Philippe Limousin qui en a l'émotion à fleur de peau.

Le vélodrome est véritablement un outil qui a permis aux plus assidus de progresser considérablement, au rang desquels on trouve Bruno Wojtinek et ses frères, mais aussi bien sûr les quatre frères Limousin (Philippe, Dominique, Pascal et Christophe), Thomas Bodo qui ira chez les pros au sein de l'équipe de la Française des Jeux, Thomas Degand ou encore Frédéric Limousin.

La Ville prend du poids et poursuit ses efforts d'équipement, le sport progresse toujours

Le 20 juin 1980, à l'assemblée générale de l'OGS, le maire note qu'à Grande-Synthe, qui compte alors aux alentours de 20.000 habitants, l'OGS rassemble plus de 2.000 athlètes. « *Grande-Synthe est une ville sportive et c'est le fruit d'une politique municipale d'aide au sport qui se traduit par de très nombreux investissements au niveau des salles de sport, de terrains de sport avec éclairage, d'une piscine, d'un vélodrome, d'un boulodrome, ...*» L'effort de la municipalité va se poursuivre, mais il ne se limitera plus seulement aux sports de compétition. L'ambition annoncée, c'est de s'intéresser aussi aux sports de loisirs qui assurent la détente de la population. Pour la première fois, Mme Dejonghe présidente de l'ASDO est présente. René Carême émet le vœu que grâce à l'apport des sections de l'Albeck, la ville de Grande-Synthe présente un bilan sportif encore plus positif.

Du côté des aménagements sportifs, trois terrains ont été créés au Puythouck : deux en semi stabilité sanitaire et un terrain de rugby. L'amicale canine a un espace aussi. « *Notre premier terrain se situait rue de la gare, là où il y a aujourd'hui le camp des gens du voyage. Nous sommes restés là jusqu'en 1986. Cette année-là, nous sommes arrivés route de Spycker, là où il y avait le club les poneys du pré vert.* » détaille Bernard Junot. Pendant qu'au Courghain, on se prépare à l'inauguration du nouveau complexe sportif, prévue pour les 18 et 19 octobre. « *Cette toute petite salle, c'est là où ça a commencé vraiment. Je crois qu'on la doit beaucoup aux fondateurs, mais aussi à Michèle Liagre qui a beaucoup œuvré pour ce club.* » témoigne Patrick Spagnol.

A la rentrée, le 10 octobre, Yves-Pierre Ferland évoque des contacts qu'il a eu avec des grands-synthois pour recréer la section aviron. Il se réserve éventuellement de donner suite après une enquête sur le budget des années précédentes de la section aviron qui avait rencontré quelques difficultés.

Après le souhait exprimé de la section marche de l'ASDO de s'incorporer à la section athlétisme de l'OGS, Marcel Ghéwy est le premier à concrétiser "l'unification" avec l'Albeck en accueillant à bras ouverts les marcheurs. Pendant ce temps, la section aviron s'est constituée en comité et en cette fin d'année 1980, l'OGS est devenue membre de droit du conseil d'administration du centre de santé.

Le premier janvier 1981, René Carême accompagné d'une foule d'habitants, symboliquement panneau en main, fait reculer les limites de la ville. L'Albeck et les Anciens Jardiniers deviennent deux nouveaux quartiers de Grande-Synthe. Dans la corbeille, il y a le complexe sportif de l'Escale qui comprend une piscine, un gymnase et un terrain de sport à l'extérieur.

Lors de la réunion d'avril du comité directeur de l'OGS, Yves-Pierre Ferland annonce le démarrage de la section aviron et fait part de la proposition des responsables du club de Gravelines. Ils proposent que dans un premier temps leur club travaille conjointement avec la section synthoise. Gravelines apportant son encadrement technique et l'OGS le matériel existant qui n'a pas été vendu, il sera prêté. Après discussion au sein du comité, il est proposé d'établir une convention entre les deux sections prévoyant une utilisation prioritaire du matériel aux athlètes de Grande-Synthe, et une mise à l'essai d'un an pour la responsabilité du matériel.

Le water-polo de Jean-Claude Lestideau signe son retour parmi l'élite de la nationale 2. Après un titre de champion de nationale 3. L'arrivée de M. Chevalier n'est semble-t-il pas étrangère à l'excellent comportement de l'équipe qui a trouvé la cohésion qui lui manquait jusque-là pour accéder au niveau des meilleurs.

La section peut aussi se féliciter de compter dans ses rangs l'international cadet puis junior est maintenant militaire Denis Creton ainsi que Frédéric Vanhems, l'international cadet qui a participé tout récemment au tournoi des six nations à Regensborg en RFA. Le club ramasse trois titres de champion des Flandres obtenus en cadets juniors et seniors de régionale 3. Cette fructueuse saison est aussi celle de l'innovation puisque la piscine Léo Lagrange a été le théâtre de la première compétition féminine en Flandre conduite par Cécile Proot.

En ouverture de l'assemblée générale du 19 juin, qui clôt la saison, Pierre-Yves Ferland fait remarquer que l'OGS a 18 ans. La ville peut s'enorgueillir pour une population de près de 28.000 habitants, de disposer d'équipements et d'installations satisfaisant les besoins des nombreuses équipes qui évoluent dans les différentes sections. « *La véritable richesse du club est dans l'action que mène chacun vers l'élite puisque la philosophie de la compétition c'est bien d'avoir une élite.* »

Le maire souligne à son tour la multiplicité des équipes, des écoles de sport et de l'action vers les jeunes qui peuvent faire du sport de haut niveau dans une pratique de masse. « *Une équipe fanion remplit pleinement son rôle que si elle draine derrière elle de nombreuses équipes de jeunes, et qu'il est réjouissant que par son élite, une section progresse sans fabriquer des grosses têtes, mais des hommes équilibrés.* »

En ce début de décennie, l'OGS football est la section la plus importante en terme de licenciés. Elle en compte près 350 et continue de se renforcer avec une politique orientée vers les jeunes pousses. Purs produits du club, on entendra parler de joueurs comme José-Pierre Fanfan, Geoffrey Dernis ou encore Rémy Vercoutre.

Le 8 janvier 1982, une section escrime vient de se constituer sur Grande-Synthe et les responsables se sont rapprochés d'Yves-Pierre Ferland car ils souhaitent rattacher leur discipline au club omnisports. Ils obtiennent un avis favorable, l'escrime devient la quatorzième section à prendre les couleurs de l'OGS. Messieurs Patrick Walle président, et Jean-Marc Boboeuf représentent cette section au comité directeur. Arnaud Descamps, actuel président du club d'escrime jette un regard en arrière : « *L'escrime a vu le jour à l'initiative du Maître d'arme, Jean-Marc Boboeuf, puisque c'est ainsi que l'on appelle les enseignants à l'escrime. Jean-Marc était à l'époque employé au service des sports et il intervenait en tant que moniteur municipal dans les écoles de Grande-Synthe. Il y a rencontré d'ailleurs celle qui deviendra sa compagne, Fabienne Léon qui est institutrice à l'époque et c'est avec elle ainsi qu'avec Patrick Walle qu'il va créer la section escrime le 12 février 1982. Quand Patrick et Jean-Marc demandent à rejoindre l'OGS, on leur répond favorablement, mais sous réserve d'une année probatoire.*»

Quelques semaines plus tard, le 11 mars, lors d'une réunion du comité de direction, les représentants de la section tennis apprennent que la construction de courts couverts est au programme des travaux pour cette année. René Szymkowiak et ses amis de la section tennis avaient depuis longtemps une très grosse envie d'offrir aux tennismen un toit qui permettrait de se retrouver, de jouer, de progresser encore, de recevoir d'autres clubs pour des tournois à l'abri des intempéries. « *A l'époque on jouait dans des salles polyvalentes. Ce n'était pas très pratique pour les joueurs. On avait la salle Dufour, la salle Debussy, on allait aussi aux Deux-Synthes, en fait, toutes les salles qu'on nous proposait dans Grande-Synthe.* » se rappelle Francine Thalleux. Le tennis prend de l'ampleur, il y a une demande de la part des joueurs et le président est très motivé. Les choses se mettent en route doucement. C'est un gros investissement que finalement la municipalité consent à réaliser. Il y a justement un espace assez grand tout à côté des courts extérieurs, contigu à la salle Debussy. « *René Szymkowiak qui avait une bonne équipe avec lui, est allé se renseigner un peu partout dans les autres clubs de la région pour voir un peu comment serait ce bâtiment. Il voulait que lorsque les gens viennent, ils puissent regarder les joueurs jouer. Il imagine donc tout un couloir où tout le monde peut voir les joueurs, ce qui est très rare dans la région.* » témoigne Francine Thalleux. Après la cérémonie de pose de la première pierre, le chantier démarre derrière une palissade qui ne cache pas longtemps la construction qui s'élève chaque jour un peu plus.

Le 1er juin 1982, une discipline tombée en sommeil depuis quinze ans, presque jour pour jour, frappe à la porte de l'OGS. Roger Dupont est un rugbyman à la stature qui ne permet pas le doute : « *C'est à la demande de René Carême qui m'a dit - Roger tu joues au rugby, j'aimerais bien qu'il y ait un club de rugby sur Grande-Synthe. Dis-moi ce que tu souhaites et on essaiera de mettre les moyens en face pour que tu puisses exister - Voilà c'est parti comme ça.* » Notre rugbyman motive deux ou trois copains et ils décident ensemble de créer la section. « *On a commencé avec deux ou trois joueurs chevronnés et puis après on est partis chercher d'anciens joueurs. On partait avec un tout petit niveau, mais ils ont dit O.K. on vient avec toi. On n'était pas assez, alors comme je travaillais aux services techniques de la ville déjà à l'époque, j'ai fait de la publicité dans l'atelier, et tous ceux qui étaient sportifs, qui avaient joué à tout autre chose que le rugby, je leur disais de venir avec nous. Il fallait absolument qu'on soit quinze pour démarrer la saison en septembre. On avait une équipe totalement disparate avec seulement deux ou trois joueurs chevronnés, des tout jeunes, parce qu'à cette époque-là on avait le droit au sur-classement, au double sur-classement même, et puis des néophytes qui n'avaient jamais touché un ballon de leur vie. On avait des sportifs de tous horizons, des footballeurs et même des boxeurs, et on a inscrit cette équipe senior en septembre 1983, ce sera la première saison du club de rugby. »* Sur les terrains, les équipes adverses ont dû croire à une blague en voyant arriver cette équipe, seulement voilà le plus drôle : *« Pour sa première saison donc 83-84, elle sera championne de Flandre de troisième série. Donc juste un an après la création du club, on est déjà champion de Flandre troisième série, soit, mais on est montés assez rapidement ensuite. »*

Une école de rugby est créée dès la première année pour, comme dit Roger Dupont, pérenniser le club. *« Donc on travaille à la fois les petits et les grands. Mais alors tout au départ, on a joué dans une pâture, avec les moyens du bord. On se déshabillait dans un couloir. Notre club house c'était une caisse de bière et puis c'était bon, c'était comme ça. Et un peu à la fois on s'est équipés. »* Le rugby est la quinzième section de l'OGS. Il est décidé qu'il évoluera sur les installations du Puythouck.

A l'assemblée générale de cette fin de saison 1981-82, l'OGS est à la veille de son vingtième anniversaire. Le président se félicite que l'association soit restée aussi jeune et aussi vivante. Son nombre toujours croissant de licenciés en fait l'association la plus importante de la ville, et avec ses quinze sections, elle est devenue en moins de vingt ans un des premiers clubs des Flandres. Il souligne aussi l'attention constante de la municipalité qui, en plus de verser une subvention conséquente chaque année, construit et entretien des installations sportives de grande qualité. Yves-Pierre Ferland note également que ces installations ne seraient rien s'il n'y avait pas les hommes et les femmes pour les utiliser dans un certain état d'esprit. Il constate par-là, non sans fierté, que le bénévolat sportif a droit de cité à Grande-Synthe et que c'est probablement cette force-là, qui entre autres, permet la progression enregistrée dans le développement des activités sportives de l'OGS.

La voile se gonfle d'un vent nouveau au Puythouck

De développement sportif, il en est encore question à la réunion de rentrée du 8 octobre 1982. Le club omnisports pourrait bien grossir encore un peu avec l'arrivée d'une section voile et planche à voile que Patrick Warembourg souhaite créer.

En cette fin d'année, le 10 décembre, la section gymnastique annonce la démission de son président Yves Boucharain, remplacé dans la foulée par Jacques Broutele et donne à M. Guilbert le mandat de deuxième représentant au comité directeur. Par ailleurs, le 7 janvier 1983 les responsables de la section aviron viennent faire savoir qu'ils ont pris la décision de dissoudre leur section.

Puisque l'OGS avait décidé que les activités sur l'eau seraient chapeautées par une seule section, le champ est rendu libre pour la création d'une section nautique voile et planche à voile. Patrick Warembourg raconte : « *J'étais compétiteur, mon épouse à l'époque aussi. Les membres fondateurs étaient déjà des compétiteurs dans d'autres clubs, en particulier dans le club d'Armbouts-Cappel. On a créé le club ici à Grande-Synthe, en sachant que la première année nous ne pourrions pas naviguer sur ce plan d'eau du Puythouck qui n'était pas encore aménagé. Nous avons commencé sur le lac d'Armbouts-Cappel qui lui était déjà aménagé. Nous ne sommes venus ici, sur ce plan d'eau, que l'année suivante, mais dès la première année, nous avons commencé les compétitions. Nous étions quatre ou cinq : trois ou quatre adultes et un jeune qui est toujours au club actuellement, mais avec trente ans de plus...* » La section met rapidement en place des séances d'entraînement au Puythouck. « *Peu de temps après notre création, le club d'Armbouts-cappel n'a plus existé et on a absorbé un certain nombre de gens de ce club, donc rapidement nous étions plus nombreux. Alors on a mis en place des entraînements sur place. Les premières années nous avons fonctionné avec des Translocaux provisoires et au bout de quatre ou cinq ans la municipalité a fait construire ce bâtiment dans lequel nous avons installé notre club house.* » Trente ans, c'est un peu plus qu'une génération à l'échelle humaine, et c'est le temps qui a été nécessaire au club pour devenir une affaire de famille. « *Au bout de quelques années mes enfants s'y sont mis, et maintenant on en est à la troisième génération puisque j'ai non seulement un de mes fils qui fait partie du club et qui est parmi les meilleurs français en planche, mais mes petits-enfants courent aussi, ainsi que les enfants et petits-enfants des autres membres du club.*»

Les 18 et 19 juin, le lac du Puythouck accueille sa première compétition d'endurance de la section voile. Les "24 heures de planche à voile" délaissant le plan d'eau d'Armbouts-Cappel, où avaient eu lieu les deux précédentes éditions.

L'OGS a vingt ans et le 6 février, le Palais du littoral abrite la fête. Tous les sportifs sont invités à retenir un instant leur souffle sur deux décennies incroyables de détermination, d'efforts, de victoires, d'amitié, de fraternité sur les terrains, dans les salles ; deux décennies de partage de moments rares, de moments en or, deux décennies de sport qui unit. A cette occasion, René Carême écrit "*C'est un évènement très important puisque cette association, parmi les plus anciennes de notre ville, a joué un rôle considérable auprès de nos concitoyens. Combien de milliers de bénévoles se sont succédés pour animer, diriger des dizaines de milliers de jeunes grand-synthois et arriver aujourd'hui, forte de ses quinze sections sportives, à représenter dignement Grande-Synthe dans la région et même dans toute la France, voire au-delà.*" Yves-Pierre Ferland écrit son point de vue en tant que président d'une structure moteur sur la ville « *Beaucoup a été fait, beaucoup reste à faire. En sport, comme dans d'autres domaines, il faut progresser sans cesse, ne pas se satisfaire des acquis. Il faut avoir l'esprit militant, l'esprit d'entreprise ; avoir le courage de se mettre en cause et de s'adapter aux exigences nouvelles. Heureusement, l'Olympique de Grande-Synthe dispose d'une véritable équipe de dirigeants, des hommes et des femmes compétents, altruistes, qui assurent l'administration de leur section, du comité directeur, mais que l'on trouve aussi sur le terrain. Ce sont ces personnes et toute la masse des pratiquants - des enfants des écoles de sport aux adultes des équipes fanion - qui font l'OGS.*"

Le 19 février, la ville inaugure les courts couverts de la section tennis. Le bâtiment comprend quatre courts, un club house, des locaux administratifs et ce fameux couloir pour les visiteurs. « *Nous sommes le seul club dans la région où l'on a une telle vue sur les courts.* » assure Francine Thalleux qui se souvient qu'une fois le complexe construit, il fallait mettre en place une équipe de bénévoles pour s'en occuper toute la semaine, même le dimanche, à partir de 9 heures le matin jusqu'au soir 22 heures. « *Patricia Martens est là depuis le tout début du club. Elle est toujours là. Tous les dimanches, c'est elle qui tient la permanence. C'est un fait très rare dans les clubs. Ça n'existe pas ailleurs. Il n'y a qu'ici que ça existe. Nous sommes le seul club bénévole qui soit ouvert tous les jours de la semaine avec le dimanche. En précisant que le dimanche, depuis trente ans c'est toujours Patricia qui l'a fait et Patricia joue toujours aussi en tant que vétéran.* » En plus de Patricia, deux bénévoles assurent cette permanence du club house, ce service d'accueil convivial à nul autre sport identique.

Au lendemain des élections municipales, nous sommes le 11 mars, à la réunion du comité directeur, Mrs. Minne et Warembourg animent les questions diverses, le premier sur un projet de salle de musculation et le second sur l'utilité d'un parcours de santé dans l'espace vert du Puythouck.

Le 10 mai 1983, Jacques Decamps soulève les problèmes rencontrés par sa section volley-ball. A l'occasion de l'accession de l'équipe fanion en nationale 2 pour la saison 1983-84, obligation est faite d'engager deux équipes de jeunes filles et garçons en championnat de France. Il lui faudrait un coup de main financier, mais aucune aide supplémentaire ne lui sera accordée par la municipalité. Son problème reste entier et laisse la section désemparée ; elle doit trouver de nouvelles sources de financement.
Tous les ans, le comité directeur de l'OGS doit élire un nouveau bureau. Chaque année, ce bureau est, sauf départ d'un de ses membres, reconduit, souffrant peu de remaniement. Les dernières élections municipales ont amené Yves-Pierre Ferland à de nouvelles responsabilités en mairie. Afin de ne pas marquer politiquement et gêner techniquement le comité directeur, Yves-Pierre Ferland annonce qu'il n'est pas candidat à sa succession. De son côté Marcel Ghéwy ne souhaite pas non plus se représenter au poste de trésorier. Le scrutin à bulletins secrets est organisé. Observant qu'il ne suffit pas de ne pas être candidat pour être élu, sur seize votants, Yves-Pierre Ferland obtient quinze voix et un blanc. Claude Limousin est reconduit en tant que vice-président, Paul Roussel en tant que secrétaire et Daniel Papin est élu trésorier.

L'OGS a vingt ans,
l'ASTV apparait dans la petite lucarne

L'assemblée générale qui suit deux semaines plus tard, le 24 juin 1983 restera aux dires du président « *une date importante dans les annales de l'OGS* », avec à l'ordre du jour le vingtième anniversaire « *Cet évènement a su à la fois favoriser le sport de masse, promouvoir et assurer le sport de compétition au plus haut niveau possible.* » Yves-Pierre Ferland souhaite également clarifier la situation dans laquelle il se trouve et il précise : « *Je n'étais pas candidat au poste du deuxième représentant de la section basket, pas plus qu'à celui d'ailleurs de président du comité directeur, étant élu municipal, afin de répondre au souhait de l'actuelle municipalité de ne pas municipaliser les associations ou les équipements. Je n'ai fait que répondre à la demande du comité de la section basket et du comité directeur de l'OGS qui tenaient à me remercier par cette confiance renouvelée.* » Marcel Ghéwy quitte les fonctions de trésorier, le président lui renouvelle ses remerciements pour l'application scrupuleuse avec laquelle il a toujours su remplir sa mission et l'attachement qu'il n'a cessé de porter à l'OGS depuis les premiers jours. Et puis, à l'OGS la fierté ça se partage.

Personne ne l'exposera de cette façon, mais Il existe comme un Nasdac des clubs, comme un baromètre de la santé du sport à Grande-Synthe, celui de l'effectif global du club omnisports. C'est un chiffre, il est annoncé à la manière d'un résultat sportif que chacun prend pour soi, l'assimilant à sa propre performance avec le projet de faire encore mieux la saison prochaine. En 1983, l'effectif de l'ensemble des sections s'élève à 2.480 licenciés. Oui, à l'OGS, l'effort et la fierté se partagent.
La rentrée 1983-84 est marquée par un évènement qui devrait permettre aux grand-synthois d'être encore plus près des terrains et des salles de sport. Ils pourront suivre les performances de leurs sportifs au-delà des limites de la ville, plus seulement à travers un article dans la presse, mais au rythme des images dans la télévision. Imaginée par Alain Neuville, voulue par René Carême, créée par Patrice Vermeersch, accessoirement licencié à l'OGS rugby, l'ASTV, première chaîne de télévision locale en France, est un sujet d'attention et de conversation au sein du comité

directeur de l'OGS. Cette nouveauté, ce nouvel outil, s'il peut en être un, et il le sera, aiguise les curiosités et engendre beaucoup d'espoirs...

Le 10 octobre Eugène Minne donne sa démission de l'haltérophilie, il est remplacé par M. Batzyk au poste de président.

La section cyclisme est très occupée, car en plus des compétitions de l'agenda, elle se prépare à organiser le championnat de France sur piste. Pour la section c'est un vrai défi, car c'est la première fois qu'elle organise un évènement d'ampleur nationale. De son côté, le water-polo a le vent en poupe. La section vient d'être classée quatorzième club français au classement national. C'est sûrement l'addition des résultats des différentes équipes... Les séniores féminines ont été demi-finalistes du championnat de France, les séniors masculins sont cinquième de leur poule en national 2, l'équipe séniors réserve champion des Flandres en régional 2 idem pour les juniors masculins par ailleurs cinquième du championnat de France. La relève semble donc assurée puisque déjà pour ce début de saison les cadets entraînés par Jean-Claude Lestideau, ont les honneurs de la presse du fait de leur victoire écrasante sur les lillois 51 à 2. Les féminines évoluent en national 1. Les juniors sont montés de catégorie et entendent bien s'y accrocher. Les seniors ont la ferme intention de poser des problèmes aux équipes de tête en nationale 2. Insigne honneur, s'il en est, on cite l'OGS water-polo dans les revues spécialisées, mais le water-polo n'est pas la seule discipline à se distinguer en cette saison 1983-84, Yves-Pierre Ferland ne se prive donc pas d'adresser ses félicitations aux sections basket, football, athlétisme, cyclisme, voile, à la gymnastique et au tennis.

Bruno Wojtinek, un destin brisé

L'évènement marquant de cette fin de saison, ce sont les Championnats de France sur piste qualificatifs pour les Jeux Olympiques. Ils se déroulent au vélodrome qui est devenu une vraie fourmilière, Grande-Synthe est transformée en capitale du vélo durant toute une semaine. C'est un gros succès populaire et sportif. Une expérience que la section capitalise pour l'avenir. « *C'était le premier grand événement après l'inauguration. Toutes les régions de France sont venues pendant une semaine, c'était extraordinaire, un moment inoubliable.* » se rappelle Philippe Limousin. Dans sa mémoire un jeune coureur se dessine, il a les traits de Bruno Wojtinek : « *Il a été formé ici, il est sportivement né ici à Grande-Synthe et il a accompli toute sa carrière amateur ici à l'OGS. Il n'a connu qu'un club en amateur, puis il est passé professionnel.* » Né comme l'OGS, en mars 1963, Bruno Wojtinek est originaire du Denaisis. Après la fermeture d'Usinor Denain, le jeune garçon arrive avec ses parents à Grande-Synthe. Il monte sur un vélo et très tôt, il développe de vraies capacités de coureur. Tout le monde le voit promis à une grande carrière. C'est un adolescent qui réalise un parcours impressionnant. Il collectionne déjà 101 victoires en amateur. Il a à peine dix-sept ans quand il quitte l'OGS pour rejoindre en tant que stagiaire pro la grande équipe de Cyrille Guimard, c'est l'époque de Bernard Hinault et Laurent Fillion. Il décroche en 1980 la deuxième place au championnat de France de poursuite par équipe junior. En 1981, il est double champion de France de poursuite par équipe et remporte la médaille de bronze au championnat du monde de poursuite par équipe cette année-là et l'année suivante. A vingt et un ans, il devient coureur professionnel. Sa carrière pro va être brève, mais intense. Juste le temps de franchir vingt-quatre fois la ligne d'arrivée en vainqueur : « *J'étais plus un coureur de classiques. Je n'ai participé qu'une fois au Tour, en 1987.* » avoue le champion. « *Il a failli porter le maillot vert du tour de France !*» enchérit avec une pointe de fierté Philippe Limousin. A cause d'un accident de la route, en 1989, Bruno Wojtinek qui n'a que vingt-six ans devient un trop jeune retraité du cyclisme. Alors qu'il se rendait chez Jean-René Bernaudeau, il est percuté par une voiture qui lui broie le genou droit et le contraint à mettre un terme à sa carrière. Un peu plus tard, alors qu'il était sur la moto-infos dans le Paris-Roubaix, c'est une sale chute qui finit de l'éloigner du vélo. Philippe Limousin souligne : « *C'était le grand espoir du cyclisme français à l'époque. C'est notre fleuron dans l'histoire du club. On a eu cinq coureurs qui sont passés pro, mais c'est Bruno Wochtinek qui était le meilleur coureur.* »

Réunis en assemblée générale le 5 octobre 1984, les gens, qui font vivre le sport à travers les seize sections de l'OGS, relèvent un nouveau record, celui du nombre de licenciés qui en est à 2.600. Le sport se porte bien à Grande-Synthe. Ce bon chiffre qui progresse d'année en année, Yves-

Pierre Ferland l'explique par le fait que le sport est un moyen d'épanouissement de l'individu et qu'il offre aussi la possibilité à des jeunes sportifs de passer le brevet d'État. Par ailleurs, face à une société en mutation, qui se durcit et laisse parfois peu de repères à une jeunesse oubliée, le président rappelle que la municipalité mise beaucoup sur le sport qui peut être une des réponses aux problèmes des jeunes dans notre cité.

A la rentrée de 1985, le comité de direction apprend la démission de M. Broutele de la présidence de la section gymnastique. La nouveauté de cette rentrée, c'est la création d'un secrétariat permanent de l'OGS. Le bureau est à la maison des associations qui sera le lieu où désormais s'effectuera la synthèse de l'action du club omnisports.

Marcel Ghéwy, ayant cédé son siège à l'athlétisme, est remplacé par Patrick Canivet, nouveau président de la section. Lors de cette réunion, est organisée la réélection du comité directeur. Après appel des candidatures, sont reconduits dans leurs fonctions M. Yves-Pierre Ferland comme président, M. Claude Limousin vice-président, M. Daniel Papin est réélu trésorier et M. Félix Tertulliani devient secrétaire en remplacement de M. Paul Roussel.

Sur les 28 hectares du lac du Puythouck, la course d'endurance les "24 heures de planche à voile" est déjà considérée par les véliplanchistes comme une classique, alors que ce n'est que la troisième édition. Cette année, ils sont cinquante équipes de trois coureurs à y participer. Outre la compétition sur l'eau, l'évènement est aussi une fête de plein air ouverte à tous. Fin de matinée, le dimanche 9 juin, évènement dans l'évènement, le maire René Carême, devant un public nombreux, coupe le ruban inaugural du club house de la section voile.

Le local d'une surface de 140 m² semble posé là sur la berge, à quelques mètres à peine du bord du lac. Le foyer, qui est la pièce principale, offre à travers sa large baie vitrée une vue des plus belles sur le lac. Deux semaines plus tôt, le maire avait inauguré la salle de sports du Noordover où s'est installée la section hand-ball.

En novembre, à la section natation, Sandrine Granger et Christine François lancent une nouvelle discipline : la natation synchronisée. Si la première collectionne dix années de pratique, la seconde est maître-nageur sauveteur et connaît bien le monde des bassins d'eau chlorée. Même si la pratique de la natation synchronisée ne nécessite pas d'être championne des quatre nages, il faut toutefois une bonne tenue sur et sous l'eau, car la natation synchronisée est en fait un véritable spectacle réglé comme du papier à musique. Pour la première fois, en février, les vingt-cinq "ballerines", de sept à dix-sept ans qui composent les deux groupes de la section, ont donné à Saint-Pol-sur-Mer une représentation en public. Leur prochaine apparition est prévue pour juin 1986 à Léo Lagrange.

Début juin 1986, le président Yves-Pierre Ferland informe le comité directeur de la démission pour raisons professionnelles de Jean-Yves Barras de la présidence de la section basket-ball. C'est Liliane Ferland qui a été élue à la présidence de la section.
Le 19 septembre 1986, l'annonce de travaux dans les équipements sportifs est plutôt bien reçue. Le basket et le rugby auront chacun leur club house respectif. Au Puythouck, la berge et les abords de la base de voile seront aménagés pour un meilleur accès au plan d'eau.
La section natation change de président, M. Proot qui vient d'être élu au comité départemental de natation cède sa place à M. Veron.

Lors de l'assemblée générale du 14 novembre, M. Galliez n'est pas satisfait de la fréquentation par les sportifs du centre de santé : « *En effet, nous n'avons passé que 1400 sportifs, où sont donc les autres ? Que faut-il faire ? Les bilans des années 81-82 sont identiques, le chiffre maximum est de 1.600. Autre échec, le suivi des équipes. Les sections attendent d'un côté, les médecins de l'autre. Les docteurs Gauthier et Gilbert sont prêts à faire le tour des sections*. » M. Ferland répond : « *Sur tous les membres de l'OGS, les actifs représentent à peu près 1.600 personnes. Il y a un problème de médecins, certains ne viennent plus, les docteurs Boisbault et Banquart. Mme. Warembourg a pris le relais momentanément. En ce qui concerne le suivi des équipes, on demandera aux médecins concernés de faire un exposé.* »
Une convention lie l'OGS au centre de santé afin que pour les sportifs, qui doivent produire un certificat médical à leur demande de licence, la visite médicale soit prise en charge par l'OGS. La solution qui semble simple et gratuite pour les sportifs se transforme chaque année en comptes

d'apothicaire entre ceux qui sont allés, ceux qui ne sont pas allés, et les quotas qui ne sont pas respectés. C'était déjà vrai en 1986, cette vérité est toujours vivante en 2013.

Le 9 janvier 1987, Yves-Pierre Ferland informe qu'un club de triathlon va être créé à Grande-Synthe. Il se ferait sponsoriser par la Caisse d'Epargne et l'OGS ne servirait que de structure support. Une convention devrait être passée avec cette future section. Un mois plus tard, Yves-Pierre Ferland présente le nouveau président de la section haltérophilie, M. Fondeur qui succède à M. Batzik. Une dix-septième section adhère à l'OGS, il s'agit du triathlon. En ce mois de mars 1987, la section gymnastique qui organise les huitièmes de finale de la coupe des Flandres reçoit pour la deuxième fois en un mois les compétiteurs le 14 mars. Ils étaient déjà venus le 14 février.

Un virage s'amorce peut-être dans le football synthois, en tout cas le 9 avril, une délégation, conduite par Félix Tertulliani président de l'OGS football, est invitée dans les locaux de la Communauté Urbaine de Dunkerque. Cette réunion, présidée de M Albert Denvers, a pour objet de discuter d'une éventuelle prise en charge d'une équipe de football professionnelle par la CUD. Finalement, l'OGS football ne sera malheureusement pas ce club.

Yves-Pierre Ferland ouvre la séance du 10 avril en adressant ses félicitations aux sections athlétisme, water-polo, gymnastique et basket-ball pour les bons résultats obtenus. Le basket-ball a son club house à la salle Debussy et à l'unanimité, il est décidé qu'il portera le nom de Félix Mierzejewski, fondateur et premier président de l'OGS en mars 1963.

Ne rentre pas à la maison si tu es président !

Patrick Canivet quitte ses fonctions de président de l'OGS athlétisme. Un nouveau président vient d'être élu, il s'appelle Pierre Hondermarck. Son objectif : continuer le travail réalisé par ses prédécesseurs, mais il va marquer d'une empreinte profonde cette section et le sport synthois en général. Si Marcel Ghéwy a insufflé une doctrine et une morale qui est encore de mise aujourd'hui à l'athlétisme, Pierre Hondermarck souhaite développer l'athlétisme en compétition pour amener l'athlète au plus haut niveau. Gwendoline, son épouse qui le connaît bien, sait qu'il est incapable de faire les choses à moitié. Le pire pour elle, c'est d'avoir un mari président. Elle raconte comment elle a deviné que Pierre, un soir comme les autres, est devenu président de l'OGS athlétisme : « *Je suis arrivée à l'OGS athlétisme par mon mari qui était athlète à ce moment-là et qui m'a entraînée à l'athlétisme, et en 1987, il est devenu président contre mon gré. Je lui avais dit avant qu'il parte pour cette réunion à l'OGS athlétisme - Ne reviens pas en tant que président, je ne veux pas en entendre parler. Ne rentre pas à la maison si tu es président ! - À vingt-trois heures, il n'était toujours pas rentré à la maison. J'avais compris, il était devenu président.* » Pierre est finalement rentré à la fois fier et désolé, mais tout s'est bien passé. L'homme a du caractère, il est opiniâtre et travailleur, avec toutefois un souci du détail qu'il pousse à son paroxysme. C'est d'ailleurs un peu sa "marque de fabrique" et c'est aussi comme ça qu'il va fortement marquer son passage. « *Au fur et à mesure, il a mis son empreinte, parce que c'était quelqu'un qui voulait toujours aller de l'avant.* » Il vit de façon passionnelle son sport et comme président, il est proche de ses athlètes. Gwendoline Hondermarck continue « *Il n'aurait jamais laissé partir un athlète sans être avec lui en compétition, et quel que soit le niveau, parce qu'il partait très bien avec des petits, comme avec des grands comme avec des nationaux ou des internationaux.* »

De son côté, la section haltérophilie organise le championnat de France 1987. Les épreuves se déroulent à la salle Debussy. L'ambiance, le spectacle et le contexte familial feront naître dans l'esprit d'une jeune fille l'idée que ce sport est fait pour elle, mais attendons encore un peu…
Dans autre discipline et sous l'égide du Conseil Régional une équipe de véliplanchistes est formée, son directeur n'est autre que Patrick Warembourg. Le département suit l'équipe en participant au financement.

Peu de semaines après avoir inauguré la salle de sports du Moulin, la réunion du comité de direction du 12 juin 1987, est ouverte par le président qui félicite les sections d'athlétisme et de water-polo pour leurs résultats. Il remercie également les sections qui ont participé aux 24 heures du sport au Puythouck. L'évènement trouve son origine dans le challenge "24 heures de planche à voile" de la section voile. Au fil des ans, ce rendez-vous est devenu une grande compétition qui marque la vie du club. Le mauvais temps n'a malheureusement pas permis la réussite de cette manifestation, alors comme pour ne pas rester dans un climat défaitiste, ce qui ne serait pas sportif, Yves-Pierre Ferland invite tous les membres à l'inauguration de la salle Félix Mierzejewski, le lendemain samedi.

Le sport est vraiment en grande forme à la rentrée de la saison 1987-88. Le nombre de licenciés a encore battu son record pour placer la barre à 2680 sportifs en jaune et bleu.

Parmi ces nouveaux licenciés, il y a Céline Lopinski qui vient de prendre sa licence à l'haltérophilie : « *En fait je suis rentrée dans l'haltérophilie par le biais de mon frère et de mon papa. Mon frère voulait faire de la musculation et papa connaissant quelqu'un, il l'a emmené au club d'haltérophilie qui était dans la salle Debussy à l'époque. Mon frère a donc commencé l'haltérophilie et moi je venais voir les compétitions et c'était le début des féminines. Il y avait un essor au niveau de l'haltérophilie féminine. On m'a proposé d'essayer, j'ai essayé et je me suis prise très vite au jeu. Donc j'ai commencé très vite. J'ai commencé par athlète.* »

C'est toujours pour s'amuser ou par curiosité qu'on se lance dans une aventure, mais Céline Lopinski va un peu plus loin « *J'ai quelques titres, j'ai été championne régionale du Nord, j'ai failli faire deux fois le championnat de France dans ma catégorie en 63 kilos. J'étais classée au niveau fédéral à l'époque, et on a fait la finale de la coupe de France féminine, où on a fini cinquième. On a fait deux ans de suite la finale de la coupe de France avec Bénédicte Comblaise et Sandrine Balleyne. On était toutes les trois d'un très bon niveau. Ce qui m'a surtout marquée, c'est que comme on avait remis en place une équipe nationale, on a eu la chance de pouvoir monter en national 1B. Suite au désistement de certains clubs, on a été repêchées et avec l'aval des athlètes, puisque ce sont eux qui décident au dernier mot, on a pu tenter l'expérience. Ça nous a permis de rencontrer d'autres clubs et puis de voir ce que c'était le haut niveau national. C'est une chose qui m'a beaucoup plu. J'étais fière lorsque nous sommes montées en national 1B. C'est vrai que c'était une très bonne expérience.* »

Grande-Synthe détient un atout considérable au cœur des sections sportives : la qualité de ses entraîneurs, de ses éducateurs, de ses dirigeants et une philosophie commune qui plane comme un parfum léger que chacun inhale dans sa section qui est comme une famille, un cocon, où il fait bon s'entraîner. Cet entraînement, qui s'attache autant au corps qu'à l'esprit, bâtit l'excellence et fabrique des champions, loin de certains concepts qu'à l'OGS on s'ingénie à faire mentir. Et pourquoi faire autrement ? Puisque nous les voyons sur les terrains, dans les salles, dans les bassins, nos sportifs ont la compétition heureuse. Cette ville est à leur image, championne de ses champions qui le lui rendent bien. Au fil des années, ils écrivent le sport synthois avec art et noblesse. En cette fin d'année 1987, Gaby Ghionna gymnaste est sélectionnée pour le championnat de France à Montceau-les-Mines. C'est peut-être un début de réponse à cette enquête réalisée par la Mission Locale et qui, en ce début de janvier 1988, laisse interrogatif le comité directeur. Cette enquête fait apparaître que 74 % des pratiquants sportifs habitent la commune, ce qui revient à dire qu'un membre sur quatre serait extérieur à la ville. Voilà qu'on apprend donc que le sport à Grande-Synthe est attractif vu de l'autre côté des portes de la ville. S'en étonner, c'est jouer les modestes, il y a mieux à faire : rester humble… Cette enquête est complétée par un chapitre par section, on y apprend aussi que la jeunesse de la ville se retrouve dans la pratique sportive puisque 66 % ont moins de 16 ans. C'est un encouragement inattendu qui fait du bien au moral des dirigeants de section, même s'ils n'en avaient pas besoin, ça fait toujours du bien.

La Voix du Nord du 1er juillet 1988, titre dans ses pages sport sur un anniversaire. L'OGS fête son vingt cinquième anniversaire en organisant une course cycliste toutes catégories en semi nocturne sur un circuit de 1.800 mètres, tracé dans le centre-ville. Une cinquantaine de coureurs est engagée pour ce critérium. Le journaliste pense que l'épreuve de 93 km en 50 tours devrait être dynamique et musclée. L'OGS cyclisme compte sur Pascal Limousin, Zuliani et Régis Popieul pour animer la course dont le départ est prévu à 19 heures 30 face au gymnase Victor Hugo. En effet, la course est animée et fait le bonheur des grand-synthois. C'est un public "chaud" pour ne pas dire chauvin qui, derrière les barrières, ne se retient pas de crier pour encourager avec force les compétiteurs locaux.

L'été est décidément sportif pour les cyclistes et notamment au vélodrome où ce 6 juillet, dix records de Flandres Artois ont été remportés, ainsi qu'un officieux record de France : le kilomètre lancé de Jean-Luc Migraine présélectionné olympique. Le 20 juillet, c'est Carmelina Errera, double médaille de bronze l'an dernier aux championnats de France amateurs, qui a battu sept records de la ligue Flandres Artois : le 5 km, le 10 km, le 20 km, et le 50 km en 1 heure 17 minutes et 35 secondes, départ arrêté. Elle améliore ainsi sa propre performance, et celle détenue depuis 1973, de 4 minutes 16 secondes. Avec une moyenne de 38 km/h, l'olympienne a également battu l'ancien record de l'heure de la ligue qu'elle détenait déjà, mais aussi le record de France demeuré invaincu depuis... 1947 qui fut établi à 1 heure 20 minutes 17 secondes. Toutefois, cette dernière performance ne sera pas homologuée officiellement, du fait de l'absence d'un chronométrage électronique. Outre l'aspect sportif, ces succès ont amené le commentaire suivant de Pierre d'Angleterre qui est Président adjoint du comité Flandres Artois et président de la commission piste : « *Ce vélodrome est l'un des plus rapides de France.* » Claude Limousin avait donc raison quand en 1974, il disait à René Carême qu'un vélodrome serait un formidable outil à fabriquer des champions à vélo.

L'assemblée générale en novembre 1988 note que l'effectif global de l'OGS a encore augmenté. Le club omnisports compte 2720 licenciés, un record. «*L'OGS a vingt-cinq ans, vingt-cinq années de doute, de succès et de revers, vingt-cinq années, un quart de siècle de déception profonde, de joie immense comme seul le sport peut en procurer. La saison 87-88 fut moyenne au niveau des résultats. Certains furent très bons d'autres plus modestes.* » Yves-Pierre Ferland est dans le ton des résultats que chaque président de section présente. A la suite, René Carême s'exprime : « *La municipalité soutient l'OGS car nous sommes conscients du rôle fondamental que joue le sport dans la ville. C'est une école de lutte, d'effort, de solidarité, de ne jamais renoncer. La municipalité en est consciente et vous pouvez compter sur elle.* »

A la mi-décembre 1988, F. Vanecloo propose d'offrir ses services comme professeur d'aïkido. Le comité directeur étudie la proposition. L'aïkido peut peut-être cohabiter avec le judo, mais alors se pose le problème d'occupation de la salle, et puis une question, la principale en quelque sorte : combien cela va-t-il coûter ? Finalement, l'aïkido se créera en dehors de l'OGS.

Le 15 novembre 1989, les esprits s'échauffent comme souvent lorsqu'on parle d'argent. La subvention globale qui est donnée par la municipalité à l'OGS, doit ensuite être redistribuée aux sections selon un calcul savant, lequel est tous les ans remis en cause par des dirigeants de section qui ont l'impression que certaines disciplines reçoivent trop et la leur pas assez. C'est un peu comme dans la cour d'une école maternelle, à ceci près que ce ne sont pas des enfants, mais des adultes qui jouent à "Tu as plus de bonbons que moi, c'est pas normal !". Ce soir-là, trop c'est trop, au cours de la discussion sur la répartition du budget, Yves-Pierre Ferland excédé, rédige sa lettre de démission devant l'assistance prise de court et médusée. Aussitôt rédigée et présentée, la démission est refusée par un vote à bulletins secrets. Les participants doivent répondre à une seule question claire, un peu comme pour un référendum. La question posée : Acceptez-vous la démission d'Yves-Pierre Ferland ? Le résultat du scrutin s'établit ainsi : 1 bulletin oui, 28 non et 1 vote blanc. La répartition de la subvention se fera de façon plus calme et raisonnable, sans pour autant satisfaire tout le monde, bien entendu.

Peut-être prémonitoire, Yves-Pierre Ferland avait écrit et dit ce discours quelques mois plus tôt, c'est étonnant comme quelques mois plus tard, ses mots sont d'actualité. « *Je voudrais rappeler que la répartition de la subvention municipale est du ressort du comité directeur, c'est-à-dire nous tous. La municipalité n'étant en rien impliquée dans ce domaine. Certaines sections s'estiment lésées, très bien, nous enregistrons et selon nos moyens nous répartirons la subvention. Il est regrettable est inadmissible d'entendre dire que rien n'est fait, les faits montrent exactement le contraire. Personne n'est négligé ou dédaigné. Il n'y a pas de grande ou petite section. Toutes les sections sont représentées par deux membres au comité directeur et les décisions y sont prises à la majorité. Nous pouvons être fières de la confiance qui nous est sans cesse renouvelée et nous disons haut et fort que nous mettrons tout en œuvre pour qu'avec vous et parmi vous vive l'OGS.*»

Les années 90, une décennie de jeunes talents

Les années 90, les dernières d'un siècle qui s'achève, les premières d'une jeunesse qui se lève. Dans toutes les sections des jeunes et parfois encore plus jeunes que ça, se manifestent par leur talent, leurs performances, leur personnalité qui rejaillissent dans leurs rangs à travers les sections, à travers la ville qui brille à leurs reflets.

Louis Baldan met des noms et des souvenirs sur cette décennie : « *On a eu de très bons joueurs, je veux parler de José Pierre Fanfan qui a commencé sa carrière ici avant de partir au Racing Club de Lens, puis Paris-Saint-Germain, après à Monaco et encore après en Angleterre. Il y a eu Robert Mann qui a fait toute sa jeunesse ici et qui est devenu professionnel, Geoffrey Darnis aussi. Et maintenant nous en avons un qui est originaire de Grande-Synthe et qui est devenu le gardien de but de l'équipe de Lyon, c'est Rémi Vercoutre. Et j'en oublie certainement. Très rapidement, on a entraîné les jeunes. On n'a pas appelé ça l'école du football, mais ça en avait l'air. Les entraînements étaient faits par des bénévoles, alors qu'aujourd'hui les entraînements sont faits par des éducateurs diplômés d'éducation Physique. Je me rappelle par exemple d'Edmond Urbaniak. C'était un ancien joueur originaire des mines et lorsqu'il entraînait les gamins, ce n'était pas de la tarte, il fallait être bon et bourrer dedans. Moi j'ai entraîné les minimes, les cadets et les juniors, mais celui qui a vraiment créé et structuré l'école du foot, c'est Jean-Luc Dupont. Il était professeur d'éducation physique au collège Guilleminot à Dunkerque. Il a pris les jeunes en main et il les a fait évoluer. Et ça c'était dans les années 90. »*

A la section voile, les jeunes licenciés font la course en tête. Chaque année, le ministère de la jeunesse et des sports communique au comité régional olympique et sportif, la liste de tous les sportifs de haut niveau que compte le Nord-Pas-de-Calais, et ce dans toutes les disciplines sportives. Sur plus de quatre cents sportifs, une vingtaine sont des compétiteurs en planche à voile. Cet effort de détection et de promotion sportive s'articule avec celui de la fédération française de voile qui dispose aussi d'un système de classement. Dans la ligue Nord-Pas-de-Calais, deux jeunes de moins de 20 ans satisfont aux critères. Il s'agit de Jean-Philippe Ballet-Baz devenu champion de France minime à l'automne dernier à Carnac, et de Laurence Peyron membres tous deux de la section voile, par ailleurs, troisième club français de planche à voile open, excusez du peu…
En funboard, un jeune satisfait aux critères de sélection, il s'agit de Frédéric Doutriaux. En open, Olivier Sadeg, Marie Messian, Stéphane Bodescot, ainsi que Florence Ballet-Baz, sont retenus, ils sont tous licenciés à l'Olympique Grande-Synthe. Ces jeunes véliplanchistes vont aller naviguer à Mandelieu en Méditerranée où ils seront encadrés par les entraîneurs de la ligue. François Masson et Laure Warembourg sont également retenus comme espoirs régionaux, mais ne sont pas pris dans l'équipe de la ligue.

« A Weymouth, en Grande-Bretagne la bannière grand-synthoise a flotté au vent de façon majestueuse » écrit le journaliste dans la Voix Des Sports en août 1990. Jean-Philippe Ballet-Baz, 15 ans et demi, marque de son empreinte le championnat du monde jeunes en remportant le titre mondial devant le gratin de la discipline. Patrick Warembourg commente à l'époque : *« Jean-Philippe est très doué. Il est aussi très bien dans sa tête. »* Le jeune grand-synthois n'est pas là par hasard. Pour commencer, il est le fils de Jean-Pierre qui fut l'un des pionniers de la planche à voile dans la région à la fin des années 70. Naturellement, le petit Jean-Philippe se retrouve

très jeune sur une planche. A 10 ans, il démarre à l'OGS où son ascension est régulière sans brûler les étapes. Patrick Warembourg dira : «*La planche à voile l'amuse tout le temps. Pour lui, ce n'est pas une galère.*» Alors, il collectionne les victoires. Jean-Philippe envisage son avenir avec optimisme, il participe en octobre aux championnats du monde seniors de raceboard en Argentine d'où il revient avec le titre mondial en catégorie léger. Il bat son grand rival, l'anglais Mick Birt, champion d'Europe qui, trois mois plus tôt montait sur la plus haute marche du podium, et qui là en Argentine se retrouve derrière Jean-Philippe avec 24,4 points de retard. Un écart significatif de la domination de l'olympien.

Le 7 novembre 1990, Bernard Hinault est à Grande-Synthe. Il est venu rendre visite à l'OGS cyclisme où il est accueilli par Philippe Limousin. Le champion français visite le vélodrome et la zone de loisirs. Comme beaucoup, il est surpris par de telles installations. De retour au club, l'ex-champion du monde fait un tour (grande habitude chez les cyclistes…) des locaux et s'arrête longuement dans le local à vélos où il prodigue quelques judicieux conseils concernant l'entretien et l'utilisation du matériel. Au moment des discours, Philippe Limousin qui a révisé son sujet, met en exergue les cinq tours de France, les trois tours d'Italie, le Liège Bastogne Liège, le Paris-Roubaix, le championnat du monde en 1980 et bien sûr les quatre jours de Dunkerque, courses dans lesquelles Bernard Hinault a écrit son nom en lettres d'or. Ce dernier remercie la section synthoise de son accueil et, s'adressant aux jeunes coureurs cyclistes présents, déclare « *Vous avez beaucoup de chance de posséder de telles installations, soyez dignes d'elles et de vos entraîneurs et ne les décevez pas.* » Puis Pierre Gars, conseiller municipal, lui a remis la médaille de la ville, juste avant les séances du livre d'or et d'autographes.

1990, c'est aussi l'année anniversaire de l'OGS gymnastique qui fête ses vingt ans. Ça fait trois mois que toute l'équipe dirigeante et le club de supporters sont au travail avec beaucoup de sérieux pour faire de ce vingtième anniversaire la grande fête de la gymnastique. Pour réussir cet événement, ils font appel à des gymnastes nationaux et régionaux. Ils invitent l'équipe de Vernon, vice-championne de France, vainqueur de la coupe de France 1989-90, avec ses internationaux dont Frédéric Lemoine, présélectionné olympique. L'équipe de Tourcoing est également au programme. Les 15 et 16 décembre tous les adhérents, sympathisants et amis se retrouvent à la salle A. Elias et N. Persine afin de partager ces deux jours exceptionnels. Des plus jeunes aux vétérans en passant par les démonstrations aux agrées des internationaux, tout est orchestré de main de maître, avec des animations de qualité. Il y a des numéros hautement fantaisistes qui alternent avec d'autres plus sérieux, le tout mis en scène par les moniteurs et monitrices de la section. Le public familial qui est venu encourager les quelques trois cent cinquante gymnastes est enthousiasmé. Le Pari réussi est une belle récompense pour l'ensemble de tous les intervenants qui se sont retrouvés en famille grâce à l'initiative du club des supporters autour d'une table de neuf cents couverts, dressée au palais du littoral.

À la section voile, il y a un autre jeune qui prend bien la vague, mais dont on parle moins, c'est Emmanuel Messiaen. Il commence la planche à voile à neuf ans « *J'aime le BMX, mais ma mère ne veut pas que je traîne dans la rue, alors elle m'inscrit à l'OGS voile, je fais de l'Optimiste. L'eau me fait peur et puis je vois une planche et je me dis - c'est ça que je veux faire* » Non seulement le petit Emmanuel n'a plus peur de l'eau, mais surtout il devient vice-champion de France. Il termine cinquième au championnat du monde jeunes sur grande planche et est champion d'Europe en 1991. Cette même année, il délaisse la discipline qui l'a sacré champion pour une autre un peu plus casse-cou, plus libre, plus spectaculaire aussi : le funboard. Il réalise des figures acrobatiques en utilisant le vent bien sûr pour se propulser et les vagues comme tremplin pour mille et une cabrioles, parfois vraiment renversantes… Du 22 au 25 novembre, il est sur la Côte d'Azur pour participer à la "Carro Wave Classic" où il rencontre les meilleurs nationaux de la discipline. Sa carrière prendra cependant un tour inattendu : « *Lors d'une épreuve, un concurrent m'a perforé la cage thoracique. Je suis resté trois semaines sur un lit d'hôpital. De là, j'ai dit stop à la compétition.* » Pour autant Manu est resté dans cet univers sport et voile, il en fait son métier et parcourt le monde de plages en courants d'air et inversement pour une grande marque de planche à voile.

Comme un lion qui s'en va

Lors de l'assemblée générale du 22 novembre 1991, une atmosphère particulière plane dans la salle. Le discours du président donne le ton. Il rappelle que « *La direction de l'OGS n'est pas l'affaire d'un seul homme même s'il doit aller au charbon pour faire appliquer des décisions pour maintenir la cohésion de l'ensemble. Il le fait précisément à partir des décisions prises majoritairement par le comité. Cette méthode de travail, je l'ai découverte grâce à une personne qui est à nos côtés ce soir, M. René Carême et puisque dans un avenir proche il a annoncé lui-même il quittera ses fonctions majorales et que par conséquent nous n'aurons plus l'occasion de voir en lui le premier magistrat de la commune, mais tout simplement René, ce qui, je sais, n'est pas pour lui déplaire. Je tenais publiquement devant vous, à dire ce que m'ont apporté de nombreuses années que j'estime trop courtes passées à ses côtés. J'ai appris les vertus du travail en équipe. J'ai appris qu'il fallait savoir écouter, profiter de l'expérience des autres. J'ai appris qu'il fallait savoir se rallier à une position commune en faisant abstraction de ce que j'appellerais des pulsions personnelles.*
Bien souvent, vous vous en doutez j'ai dû m'adresser à lui au titre de l'OGS pour transmettre les demandes des sections ou lui faire part de nos difficultés. Ces discussions toujours empreintes de cordialité n'en furent pas moins quelquefois houleuses. En confidence, je dois vous avouer qu'il ne fallait pas se présenter devant lui, pour selon l'expression "jouer du pipeau", d'ailleurs l'OGS ce n'est pas les arts musicaux, ça se saurait. »
Il perçoit un nouveau défi pour l'OGS « *… Celui de prendre en compte une nouvelle catégorie de sportifs que j'appellerais les "touche-à-tout". C'est-à-dire donner si possible satisfaction à ces personnes qui désirent occasionnellement pratiquer un sport puis un autre sans s'engager dans la compétition, ni même se sentir membre d'une section. Elles souhaitent tout simplement pouvoir profiter des installations qui nous sont confiées. Le problème est posé, nous essaierons d'y apporter une solution.* »

René Carême répond et conclut : « *Ce soir, c'est mon dernier discours et je ressens une profonde émotion. Que de chemin parcouru par l'OGS depuis 1971. Je me remémore tous ces visages, des milliers de jeunes adultes qui ont donné leur temps au service des autres. Ceux-là ont fait preuve de générosité, d'abnégation, de travail en équipe, je voudrais rendre un hommage particulier à tous ceux qui ont montré leur attachement à la jeunesse, qui ont assuré la promotion de l'OGS. Les locaux d'accueil ont proliféré dans la ville. Tout cela favorise les rencontres entre les gens. Les équipements, payés par les contribuables, sont accessibles à tous et tout n'est pas encore fini. Je ne pense pas que mon départ changera quoi que ce soit. Bien que tout cela coûte cher, nous ne devons rien regretter car tous ces jeunes doivent pouvoir s'exprimer positivement. Nous avons fait des choix positifs. Certains se complaisent à prendre notre population en otage, c'est pourquoi je vous remercie pour les plaisirs et les joies, les rapports chaleureux et confiants, merci à ceux qui prennent la relève, les responsables, l'Olympique de Grande-Synthe se développera encore. Continuez, persévérez, continuez à être généreux, le sport est un moyen unique pour espérer un mieux pour notre jeunesse et pour le monde.* » Il est applaudi chaudement par une assemblée émue et reconnaissante. On voit presque les gorges serrées. C'est un lion qui s'en va, digne et fier de son travail, de cette écoute du monde du sport et des réponses qu'il lui a apportées.

Un petit mois plus tard, la salle de sports du collège du Moulin est inaugurée, le 21 décembre. Elle est la quatorzième salle de sports de la commune. Outre sa vocation scolaire, cette salle répond aux aspirations du volley-ball, ce qui explique une hauteur importante sous plafond. Conduis par Michel Descamps, principal du collège et Pierre Gars, conseiller municipal délégué aux sports, les invités découvrent une salle parfaitement éclairée par une voûte de plexiglas. Une tribune escamotable de trois cents places complète utilement la surface de jeu. Vestiaires, sanitaires et salle de réunion parachèvent l'équipement. Avec cette salle dédiée au volley, la section gymnastique se voit attribuer la totalité du complexe A. Elias et N. Persine, ce qui lui permettra d'organiser à sa guise et dans d'excellentes conditions des compétitions de haut niveau.

La maison de l'OGS a déménagé au 1 avenue de Petite-Synthe (impasse Bonvoisin) dans les anciens locaux du GEPAG. Elle abrite le comité directeur et lui permet d'y tenir ses réunions. Les sections ne disposant pas de salle de réunion peuvent y trouver asile. Simultanément, la mise à disposition d'une secrétaire à temps plein facilite le travail administratif et la liaison entre les sections. De son côté, le club house du football a été aménagé dans la partie réserve de l'ancienne MJC derrière le cinéma le Varlin.

La fermeture de la piscine de l'Escale est programmée pour 1992. Jean Proot, qui l'apprend avec étonnement, s'émeut de n'avoir pas été averti avant. Une piscine coûte très cher en fonctionnement et en entretien. Une ville comme Grande-Synthe ne peut garder à sa charge deux piscines, ce qui double les frais, à un moment où il est plutôt question de faire des économies. Par ailleurs, elles sont trop peu distantes l'une de l'autre pour marquer un réel avantage à la population. André Bécuwe, aiguisant sa curiosité, demande s'il y a des projets après la fermeture du bassin de l'Escale, Philippe Limousin, devenu directeur du service des sports, répond qu'un centre d'expression pour les jeunes aurait été envisagé, mais rien n'est définitif.

Deux sections annoncent qu'elles vont organiser des évènements importants aux résonnances nationales. L'haltérophilie de M. Gantois va organiser le championnat de la demi-finale nationale des minimes le 28 mars 1992 et Michèle Liagre travaille sur l'organisation de la demi-finale du championnat de France pour les 2 et 3 mai.
La saison 1991-92 ne réussit pas vraiment à la section basket. Il y a de nombreux départs et arrêts de filles. L'équipe sénior féminine disparaît en fin de saison. En mai 1992, une autre fille s'en va… Après six ans à la tête de la section, c'est Liliane Ferland qui se retire de la présidence. Le 15 mai, c'est officiel, Gérald Cormier reprend le flambeau.

En 1993, l'OGS escrime crée l'évènement avec la venue à Grande-Synthe de Jean-François Lamour. Arnaud Descamps se rappelle : « *Jean-Marc m'explique un jour qu'il a réussi à faire venir Jean-François Lamour à Grande-Synthe. Jean-François Lamour est double champion olympique et du monde au sabre, treize fois champion de France, il est même devenu ministre en 2002.* » 1993, changement de municipalité après le départ de René Carême pour raison de santé. André Demarthe s'installe dans le fauteuil majoral, son adjoint délégué aux sports est Félix Tertulliani, bien connu dans le monde du sport synthois, ce même monde qui, en juillet, est plongé dans une profonde tristesse par le décès de Félix Mierzejewski, celui par qui, il y a trente ans, tout a commencé.

Instituteur de profession et happé par ses nouvelles fonctions de conseiller municipal délégué aux sports, son passage au basket en tant que président aura été rapide, puisque le 14 octobre 1993, lors de la réunion du comité directeur, M. Ferland annonce la démission de M. Gérald Cormier, il est remplacé par Bernard Dominiczak qui prend la présidence par intérim jusqu'à la prochaine assemblée générale de la section. A cet instant, il ne le sait pas encore, mais ce sera un intérim de... dix ans.

Dans la constellation du basket, Domi, un fragment d'étoile de Marles-les-Mines

Ce nouveau président, n'est pas un inconnu quand il arrive aux commandes de la section basket. Bernard Dominiczak, Domi pour les intimes, et des intimes il y en a beaucoup, puisqu'avant de connaître le prénom Bernard, tout le monde connaît le surnom Domi. Il a le basket dans le sang depuis longtemps déjà : « *Depuis l'âge de dix ans. J'ai commencé dans les mines, à Marles-les-Mines. Ce fut mon premier club, l'Etoile de Marles-les-Mines.* » Quand il arrive à Grande-Synthe en décembre 1963, il rencontre Félix Mierzejewski, tous les deux un peu désolés « *Quand je l'ai vu, il m'a dit - M. Domi, je suis désolé, mais on n'a pas de senior pour l'instant. On n'a qu'une équipe minime. - donc je suis allé à Enersport où il y avait déjà une équipe senior. Enersport c'était à la BP à Saint Pol sur mer. J'y suis resté quelques années. En mai 1970, je travaillais à Usinor où j'étais aussi dans l'équipe corpo de l'usine, Félix y était chef d'atelier. Un jour, il m'appelle et me dit voilà Domi, on aurait besoin de vous, on va créer une équipe senior. Je suis allé voir Monsieur et Madame Mierzejewski un soir, chez eux. C'est là que Félix m'a dit - J'ai besoin de vous parce que vous êtes un joueur, vous avez un diplôme d'entraîneur départemental vous pourrez entraîner l'équipe première, être capitaine de l'équipe et puis on va commencer comme ça, en départemental. - Voilà, c'est comme ça que j'ai commencé à l'OGS basket. J'ai signé ma première licence en juin 1970. J'étais donc joueur, entraîneur et capitaine de l'équipe, mais j'étais déjà un peu arbitre.*

J'ai passé mon examen d'arbitre départemental en 1966, à Enersport.»
Puis les années passent, L'équipe évolue, les jeunes sont là, Bernard,
Mierzejewski, Covoet, Barras, … « *Je naviguais dans l'équipe depuis cinq
ans. Je me suis rendu compte que je vieillissais. L'équipe a évolué avec
des gens qui avaient un bon niveau de basket et puis bon, moi j'étais moins
fort et j'approchais la trentaine, je voulais m'orienter tout d'abord comme
entraîneur, mais j'ai opté pour l'arbitrage.* »
Domi a déjà à son palmarès quelques matches en régionale, dont des
finales, et puis la fédération l'a remarqué. « *Alors, je me suis lancé. Je suis
allé à Bar-le-Duc où il y avait un tournoi organisé par la fédération
française. J'ai fini meilleur arbitre de ce tournoi. Six mois après, j'ai passé
mon examen d'arbitre fédéral, c'était en octobre 1974. Puis on m'a
convoqué pour des rencontres en nationale 2 et comme il y avait un
classement qui se faisait à l'échelon national, en 1975, j'ai fait mon premier
match de nationale 1 A qui est aujourd'hui la pro A.* »

Son premier match se déroule à Chaland contre Villeurbanne. « *Je me
souviens de ce premier match en division 1, le 16 septembre 1976. J'avais
une de ces peurs ! Dix minutes pour me mettre dans le jeu, et puis une
concentration constante jusqu'au coup de sifflet final, complètement vidé* »
Domi est un homme de caractère est d'aplomb, les joueurs ne lui font pas
peur, malgré la différence de taille. « *J'étais bien noté, à l'époque on était
supervisé cinq à six fois dans la saison. C'est comme ça que j'ai fait une
carrière de quinze ans en nationale 1A de 1975 à 1990.* »

Domi a donné beaucoup au basket. Combien de week-ends sacrifiés au
nom de sa passion ? En plus des entrainements la semaine, il y a consacré
aux alentours de 700 heures (les week-ends), il parcourt à l'époque 40.000
km par an. Il est le seul nordiste appelé chaque semaine à arbitrer les
rencontres des plus grands clubs français : Le Mans, Limoges, Antibes,
Monaco, Villeurbanne. Domi est à l'époque parmi les meilleurs arbitres
français, et ils ne sont pas nombreux. La fédération française le propose
même à la fédération internationale. Il va accéder au niveau le plus haut,
celui qui bourre les poches de billets d'avion aux destinations
européennes, pour commencer… Seulement voilà, le rêve va s'évaporer
derrière un article nouveau d'un règlement strict. Nous sommes en 1980,
Domi a trente-sept ans, et cette année-là, la fédération internationale

baisse l'âge limite des arbitres internationaux à… trente-cinq ans. C'est la grosse déception pour notre arbitre qui, discipliné, se fait une raison. Multi récompensé, multi médaillé, Domi reste un esprit combatif, dynamique, un sacré bonhomme. Rencontrer Domi n'est jamais neutre, le sport est en lui, il ne triche pas.

En ce début décembre 1993, l'haltérophilie et le judo recherchent plus d'espace chacun. Ils se sentent un peu à l'étroit dans leurs locaux respectifs. André Bécuwe se rappelle : « *J'ai fait une demande à la mairie et au comité directeur pour agrandir. Il nous fallait une salle plus grande. En même temps, il y a le président de l'haltérophilie, Frédéric Gantois qui lui aussi voulait s'agrandir. On a fait les démarches ensemble et petit à petit, il a été décidé qu'il fallait plutôt faire quelque chose pour l'haltérophilie à l'extérieur, parce que lorsqu'ils étaient à l'entraînement avec les poids qu'ils levaient et laissaient tomber, tout tremblait, même le concierge ne pouvait plus dormir.* » En effet, l'espace occupé par les haltérophiles, n'était pas adapté. Il faut un équipement spécifique, notamment pour amortir la chute des poids au sol. « *M. Gantois souhaitait avoir une nouvelle salle. C'est vrai que la salle devenait un peu petite à Debussy et les sols avaient beaucoup souffert.* » se souvient Céline Lopinski.

Un nouveau sport à Grande-Synthe voit le jour. Daniel Blot, qui vient de créer une section billard, fait une demande d'intégration à l'OGS. Le comité directeur donne son accord de principe le 4 février 1994.

De son côté, Pierre Hondermarck milite déjà depuis plusieurs mois pour refaire la piste de course au stade Jean Deconninck. « *Pierre voulait refaire la piste parce qu'on avait une piste noire qui ne correspondait absolument plus à ce qui était demandé par les athlètes. Je me souviens qu'il partait avec le maire, il lui faisait visiter différents stades, différentes pistes. Je crois même que le maire en avait par-dessus la tête et qu'à un moment donné, il a dû céder pour être tranquille.*» commente Gwendoline Hondermarck. Pierre Hondermarck surveille lui-même les travaux de près. L'inauguration, le 10 juin 1994, donne lieu à une fête de l'athlétisme avec des athlètes de niveau international dont Marie Conlonville, ou encore Briche qui battra le record de ligue espoir à la perche avec 5 m 15.

Contre toute attente, le volley-ball clôt sa saison de belle manière avec notamment le maintien de l'équipe séniors filles en accession nationale, malgré un effectif qui s'est réduit tout au long de la saison. Les titres de champions du Nord et des Flandre des poussines et de champions du Nord pour les poussins ont été accueillis comme les bonnes surprises de l'année. L'équipe séniors masculine retrouve l'accession nationale grâce à une bonne deuxième place. Il semble que son parcours en cette saison ait été l'un des meilleurs de toute son histoire, car en plus de l'accession, elle remporte le titre de championne des Flandres.

La voile se distingue aussi cet été en co-organisant les championnats de France de planche à voile avec le club de Dunkerque, sur la plage dunkerquoise. Sur les quatre cent cinquante sélectionnés, quinze véliplanchistes locaux y participent : cinq de Dunkerque et dix de l'OGS. Parmi eux, Jean-Philippe Ballet-Baz, Edwy Zonnekyndt et Nicolas Warembourg qui ont déjà été remarqués sur les plateaux venteux nationaux et dont beaucoup les pressentent comme des valeurs sûres au niveau national.

Le projet d'un nouveau local pour l'haltérophilie se dessine de plus en plus en dehors des murs de la salle Debussy. Le 5 février 1995, Roger Dupont annonce que le service des fêtes libère un local situé rue de l'écureuil, tout près de l'OGS tennis et voisin également du complexe Debussy. Ce sont d'anciens ateliers municipaux dont la ville n'a plus besoin en tant que tels. M. Gantois demande à visiter le bâtiment.
Félix Tertulliani a suivi le dossier à l'époque : « *Dans la salle Debussy, il y avait le basket, à côté le tennis de table avait un local, et il y avait le judo, puis l'haltérophilie, mais la salle n'était pas vraiment faite pour cela. Chacun cohabitait comme il le pouvait. Je me souviens qu'à l'haltérophilie, il faisait des températures jusqu'à 40° et plus, et puis de soulever des poids et refaire tomber ça gênait le concierge parce que ça résonnait. La première action que j'ai été amené à mener, c'était améliorer le quotidien des bénévoles par la construction ou l'aménagement de salles, parce qu'on avait tous chez nous des ballons, des maillots, le secrétariat, les documents, et donc on a essayé d'améliorer tout ça. À commencer par ceux qui n'avaient rien, par exemple le handball n'avait absolument rien. L'escrime, qui était aussi dans le gymnase de l'école Pierre et Marie Curie,*

avait aussi besoin de ranger son matériel pour que les enfants puissent disposer de la salle dans la journée. Pour l'haltérophilie, nous avons aménagé d'anciens ateliers municipaux.»

Céline Lopinski complète «*Après plusieurs relances, la mairie a été d'accord pour transformer cet endroit en salle d'haltéro. Elle a été l'une des premières à être équipées vraiment avec des haltéro dalles et avec une salle séparée pour la musculation. On a fait pas mal d'envieux à l'époque. Les résultats qu'on avait à Debussy étaient très bons, mais c'est sûr qu'ici on a eu un meilleur encadrement, on avait beaucoup plus de place pour s'entraîner, on avait des sanitaires hommes et femmes séparés, une salle dédiée où on pouvait faire nos compétitions chez nous, sans avoir besoin de bouger notre matériel à chaque fois. On l'a appelée la salle Yves Danjou. Il a fait partie des tous premiers à la création de l'OGS. Il a été secrétaire et entraîneur à l'haltérophilie.* » La salle sera inaugurée le 23 septembre 1995.

Le foot et la natation voient tout en grand

Félix Tertuliani en président de l'OGS Football ne décrocha pas la Lune, il fit mieux en amenant les étoiles du foot aux membres de sa section. Petits et grands croient rêver lorsque sur le gazon du stade Jean Deconninck, à leurs côtés se trouvent notamment Michel Platini. « *Je ne suis peut-être pas le seul, mais je suis un de ceux qui pensaient que les enfants de Grande-Synthe avaient le droit de côtoyer les vedettes et donc avec la direction des sports de la ville, on a fait venir beaucoup de champions. On a fait venir par exemple le Variety Club à Deconninck.* » Des moments inoubliables pour beaucoup de gamins.

Du 21 au 30 juillet, la section natation water-polo co-organise avec le club de natation dunkerquois le championnat du monde junior de water-polo. Cela fait déjà un peu plus d'un an que Francis Luyce, président de la fédération française de natation et directeur des grands évènements à la Ville de Dunkerque a imaginé l'évènement et comme les plus beaux rêves se partagent, il a souhaité associer à ce projet inattendu le club synthois, notamment pour sa piscine. C'est une très grosse opération qui fait venir dans les bassins de Grande-Synthe et de Dunkerque vingt-trois nations d'Europe, des Amériques, d'Océanie, d'Afrique et d'Asie. Le premier match à Léo Lagrange réunit les équipes de Slovaquie et de Nouvelle Zélande. En dix jours, quatre-vingt-seize rencontres sont offertes aux publics de Paul Asseman et de Léo Lagrange. Les jeunes champions qui évoluent dans les bassins au cours de ces journées constituent le vivier des futurs participants aux jeux olympiques de Sydney en Australie en l'an 2000. C'est une réussite totale à tous les niveaux : humain, sportif, organisationnel...

Au comité directeur du 22 septembre 1995, M. Jaeger président du hand-ball présente Monique Merlen comme deuxième représentant de la section. Ce soir-là, le comité doit aussi se prononcer sur l'intégration d'une nouvelle section, les arts martiaux, l'accord est donné rapidement.

Des pieds et des mains pour être bien dans sa tête et dans son corps.

Youssef Bensaber revient sur ce moment : « *Même si j'ai participé à la création de l'association, les véritables créateurs ont été Jean-Claude Ouriet, Laurent Sébille, Karim Boukhit et Fabrice Dubal. On a décidé de créer cette association en 1995 qui est devenue la section OGS arts martiaux, mais l'activité martiale a démarré dans un premier temps à l'espace jeunes en juillet 1992, où je venais de démarrer ma carrière d'animateur. Au fil des années, on a décidé d'intensifier les créneaux d'entrainement et puis les gamins ont voulu faire de la compétition. On a démarré avec une poignée d'adhérents, on est monté à une centaine d'adhérents.* » Deux disciplines ont été développées : le karaté et le mouay thaï. À l'époque, Youssef Bensaber est tout jeune entraîneur de karaté premier dan. «*J'ai été tout de suite entraîneur de karaté. J'ai eu d'abord des enfants, puis j'ai eu des adolescents un peu plus tard pour participer aux compétitions, et par la suite j'ai eu une autre catégorie de public qui est arrivée avec la boxe thaï.* »
Youssef a un côté puriste que les jeunes finalement apprécient et respectent «*L'idée, c'est que les enfants viennent s'amuser au karaté. Effectivement, on va travailler les coups de poing, les coups de pied, l'équilibre, la latéralité, mais surtout le respect. Le respect du professeur,*

le respect du tatami, le respect de la propreté, de l'hygiène, le contrôle, on va parler beaucoup de contrôle, parce que beaucoup de parents amènent leurs enfants lorsqu'ils débordent d'énergie. Ils ont du mal à les canaliser. Ils n'ont peur de rien, et ici on va commencer à fixer des limites. Beaucoup de parents recherchent ce cadre qui n'existe plus nulle part ailleurs que sur des dojos et en salle d'entraînement. » L'intérêt, pour l'éducation qu'il prodigue aux jeunes, porte ses fruits, et c'est la section arts martiaux qui bénéficie de la fermeture de la piscine de l'Escale. «*Quand la piscine a disparu, je rappelle qu'ici nous sommes sur l'ancienne piscine de l'Escale à l'Albeck. On en a profité pour faire une salle de musculation et un dojo pour les arts martiaux.* » En effet, avec l'aide de la ville, le bassin est rempli de sable et de gravats, une dalle est coulée par-dessus pour créer une salle de sport. « *J'avais besoin de cet outil pour enseigner mon art et développer les capacités physiques, intellectuelles et morales des jeunes avec l'objectif qu'ils puissent le retransmettre dans leur vie de tous les jours.* » conclut Youssef Bensaber.

On remarquera que tout au long de ces années de vie sportive, il est toujours question d'équipement, de construction et d'espace. Toujours prévoyants, les responsables de section se retrouvent pourtant à l'étroit dans leurs locaux. Le rugby n'y échappe pas. Exiguë dans son hangar, la section au ballon ovale vient de trouver un peu d'espace sans pousser les murs, mais en réalisant une dalle qui a permis de créer une salle à l'étage, une grande pièce de réception de 130 m². C'est le club des supporters qui, après le passage des services techniques de la ville pour le gros œuvre, s'est occupé des aménagements et des finitions. La section rugby change donc de dimension en ce début octobre 1995 et peut proposer un club house digne de ce nom avec salle de réunion, cuisine et bureau. Et l'on sait combien les troisièmes mi-temps sont importantes au rugby, alors un club house avec de l'espace était devenu une nécessité.
A la salle Debussy, les judokas sont aussi dans les travaux d'agrandissement de leur salle. Quelques kilos de poussière, de ciment, de plâtre et de peinture plus tard, ils ont un dojo deux fois plus grand qui fait maintenant 240 m². André Bécuwe est satisfait pour tous les jeunes qu'il accueille chaque année, ils pourront encore mieux s'entraîner. Le 15 décembre, l'inauguration de ce nouveau dojo donne l'occasion aux judokas

de marquer leur amitié à un homme qui a beaucoup compté pour le judo dans la commune, le nouveau dojo porte son nom : Arnold Raudzsus.

Cela fait deux ans que les joueurs de billard ont rejoint l'OGS, et cela fait deux ans qu'ils attendaient un lieu pour s'entrainer. En ce début d'année 1996, ils ont le sourire. Ce 2 février, emmenés par le maire André Demarthe, un parterre de présidents de l'OGS et d'officiels, ils inaugurent leur salle de billard au complexe Léo Lagrange.

La réunion du comité directeur du 7 juin 1996 est importante dans l'histoire de l'OGS. Elle annonce de grands changements dans la vie du club et de ses sections. En ouverture de séance, le président signale qu'une conseillère de la Cour Régionale des Comptes a fait des observations verbales à propos des relations entre la municipalité et les associations. Elle fonde ses observations sur un texte règlementaire de 1992 par rapport auquel l'OGS doit se mettre en conformité. La conseillère recommande de mettre en place des conventions aussi bien pour la mise à disposition de personnel que pour le versement des subventions. En outre, ces subventions ne pourront être versées que si l'OGS a un commissaire aux comptes agréé, et les modalités mêmes d'attribution et de versement des subventions risquent d'être profondément bouleversées. Yves-Pierre Ferland a planté le décor, le comité directeur doit travailler à la mutation des pratiques et des procédés qui ont fait l'OGS.

En relançant l'année dernière les "24 heures de planche à voile", la section nautique de l'OGS met fin à huit années de disette en la matière. Les aficionados de l'épreuve attendaient impatiemment ce retour et trente-trois équipes prennent le départ de cette première nouvelle édition. « Il y a une double raison à notre arrêt » explique Patrick Warembourg « D'une part, nous n'avions plus assez de concurrents pour rendre l'épreuve crédible et d'autre part, comme tout le monde courait et court toujours sur le même matériel, notre principal sponsor nous prêtait les planches avant de les proposer à la vente. Un jour, il lui est devenu difficile d'écouler ce stock. Du coup, nous avons trouvé une solution grâce à un partenariat avec un célèbre constructeur qui nous loue le matériel. » 1996 est une grande année aussi pour la voile synthoise « Les championnats du monde jeunes se déroulaient en Espagne. » indique Patrick Warembourg « A Cadix, où *là nous avons réussi à avoir deux titres de champion du monde, un chez les garçons cadets avec Edwy Zonnekyndt et chez les filles cadettes avec Claire Duchier. On a eu d'autres titres depuis. Mon fils a été champion de France et également vice-champion du monde, je ne peux pas citer tout le monde.»*

A 16 ans, Edwy Zonnekindt fait déjà partie de l'élite mondiale de la planche à voile. Et pourtant il n'était pas plus doué qu'un autre lors de ses premiers contacts avec une planche sur l'eau. À la section voile où il a débuté en même temps que Claire Duchier et Nicolas Warembourg, il épate jour après jour ses entraîneurs. Anthony Rigaud dit avoir vu naître un "extraterrestre de la planche". Un caractère bien trempé, un détachement étonnant et une sagesse qui contraste avec son tempérament de gagneur, Anthony Rigaud se souvient : « *Il était teigneux, exigeant avec lui-même. Ses progrès tiennent autant à son exceptionnelle motivation qu'à son talent pur.* » Patrick Warembourg et Anthony Rigaud disent de concert : « *La réussite de l'OGS voile tient essentiellement dans la préparation physique théorique et mentale à laquelle s'astreignent, avec plaisir avant chaque grande compétition, les jeunes de la section.* » Patrick Warembourg insiste pour sa part sur "l'esprit maison" qui règne au sein de l'OGS voile.

1997, l'OGS Omnisports n'est plus, vive l'OGS Union !

C'est un virage en épingle, une révolution culturelle qui a beaucoup changé les choses, même si certains n'osent ou ne veulent pas le dire aussi ouvertement. 1997 est l'année où l'OGS omnisports, le club mère de tous les sports en jaune et bleu à Grande-Synthe, disparaît. Au-delà de l'aspect technique, administratif et juridique, cette disparition pèse lourd : une philosophie, les décisions collégiales, une certaine solidarité se sont un peu écornées au passage à l'OGS Union.

Au départ, en 1963, l'OGS est un club unique qui intègre dans ses rangs non pas des clubs, mais des sections sportives. Elles sont solidaires les unes des autres. La reconnaissance juridique des sections est assumée par le président de l'OGS et leur gestion n'est qu'une délégation de fait donnée aux responsables des sections. Dans l'organigramme, les présidents sont un peu comme des directeurs de services qui managent leurs équipes, mais doivent en rendre compte au comité directeur. Les demandes de subventions sont centralisées par le comité directeur qui au nom du groupe fait la demande globale aux services concernés en mairie. Cette subvention est ensuite redistribuée aux différentes sections et c'est toujours la foire d'empoigne puisque la somme globale obtenue n'est pas celle demandée... Les nouveaux textes suppriment cette façon de fonctionner.

En assemblée générale, le 4 avril 1997, Yves-Pierre Ferland rappelle que sous l'impulsion de la Cour Régionale des Comptes, la municipalité a demandé à l'Olympique de Grande-Synthe de se mettre en conformité avec la législation en vigueur. Chaque section doit devenir une association à part entière. Ces associations se groupant en une union d'associations. L'OGS devient donc une sorte de fédération des associations sportives synthoises adhérentes. Un gros travail de chiffres et de colonnes est réalisé par Daniel Papin et Michèle Liagre afin de connaître la situation comptable de l'OGS. C'est absolument nécessaire d'un point de vue juridique et administratif. Le président précise que les choses devront aller très vite pour que les nouvelles associations soient opérationnelles tant sportivement que financièrement pour le début de la prochaine saison. Les ébauches de statuts pour les associations et pour l'union ont été élaborées et devront être discutées en comité de direction et dans les comités et assemblées générales des sections.

Roger Dupont pense que les nouveaux statuts, et en particulier ceux de l'Union ne lui conviennent pas du tout. Il est rejoint dans ses propos par Mrs. Boboeuf et Dominiczak. René Ségard trouve que ces statuts vont à l'encontre de l'éthique sportive. Le président s'étonne de cette remarque. Louis Baldan apporte sa contribution, le président réplique que les statuts ne sont pas définitifs et qu'ils seront discutés dans différentes instances. Félix Tertulliani ne comprend pas qu'il faille adhérer à l'Union pour pouvoir s'appeler OGS, alors que ce sont les sections actuelles qui composent l'OGS. Le président rappelle que ce ne sont pas les sections qui s'appellent OGS, mais l'association dont les sections ne sont qu'une émanation et ajoute que l'adhésion est surtout conçue pour permettre à l'OGS de conserver son identité.

Ces extraits de discussions montrent à quel point le sujet est important et combien de craintes se cachent derrière les mots, les réflexions et questions de chacun. La soirée se termine et la seule question que pose Yves-Pierre Ferland est lapidaire : Etes-vous pour ou contre la transformation juridique de l'association ? Il est procédé au vote. Aucune voix contre, aucune abstention. Au complet étonnement du président et d'une partie de l'assistance, l'assemblée se prononce de manière unanime pour la transformation juridique de l'association. Alors le 6 juin 1997, dans son discours introductif de l'assemblée générale inaugurale de la nouvelle OGS, Yves-Pierre Ferland remercie tous les membres pour le travail effectué. Il se félicite d'avoir pu mener à terme, avec l'aide précieuse et efficace du trésorier Daniel Papin la transformation de l'association. Ce dernier n'y a pas compté ses heures, prenant même sur ses congés pour tout tirer au cordeau, être prêt. C'est une association en pleine santé qu'il remet aux sociétaires. Tous ces moments sont historiques, Huguette Mierzejewski qui a présidé l'OGS pendant quatorze ans est là dans la salle. Elle, qui a passé le relai veut encore être témoin, L'OGS colle, imprègne, s'infiltre au plus profond de chacun, c'est sa force.

En conclusion de cet épisode important de la vie de l'OGS, Tony Gilliers résume assez bien : « *Pour moi ça n'a absolument rien changé du tout. J'étais là avant, je suis là après. Simplement au niveau du compte chèques, on a enlevé le mot section, aujourd'hui nous sommes OGS tennis de table, en dehors de ça je n'ai vu strictement aucun changement.* »

Début juillet, Félix Tertulliani démissionne de la présidence de l'OGS football, après trente-trois ans passés au milieu des maillots, des sandwiches, des tribunes aux bancs de touche, des réunions et des équipes de joueurs. L'ancien joueur, Roger Butny qui a successivement été délégué, secrétaire, trésorier et vice-président quitte également les devants de la scène pour rester en coulisses au club. Félix Tertulliani est remplacé par René Segard.

Les saisons passent, l'OGS Union est devenu un carrefour de réflexion, de mise en commun des idées que chaque club sportif amène. Une des préoccupations majeures du comité de direction porte notamment sur tout ce qui a trait à la formation et à l'emploi des jeunes cadres sportifs. Yves-Pierre Ferland note en illustration, le recours à une association dunkerquoise, le GEPSAD pour la création d'emplois jeunes. L'OGS nouvelle version a presque deux ans, et lors de cette assemblée générale du 25 avril 1999, le comité de direction évalue les actions entreprises par l'Union, comme la défense des intérêts moraux et matériels des membres, le suivi médical des sportifs.

L'Amicale Canine, qui se trouve sur des terrains qu'Immochan convoite, demande de façon tout à fait officielle au maire André Demarthe, un autre terrain. Pas facile à trouver, car il faut de l'espace. Bernard Junot cherche et trouve un bel emplacement qu'on peut qualifier d'idéal.
«J'ai trouvé ce terrain, en accord avec la Ville, et depuis donc 2000, on se trouve sur cette zone ici au Prédembourg.» Le stade qui se situe le long de la rue du champ d'aviation est baptisé Stade Léon et Marie-Jeanne Destailleur. Un couple d'éleveurs de bergers belges malinois qui a beaucoup apporté à Bernard Junot et son équipe dans la méthode d'apprentissage des chiens de compétition.

Un moteur à l'athlétisme

A l'athlétisme, Pierre Hondermarck cherche à dépoussiérer le club. Pour lui, la pratique de l'athlétisme doit changer. « On faisait du cross l'hiver, de la piste de l'été et point. » témoigne Gwendoline Hondermarck. Alors Pierre va aller chercher des compétitions qu'on n'a jamais vues à Grande-Synthe. Il décroche le "Perche Elite Tour" qui fait une escale à Grande-Synthe le 8 janvier 2000. « Il est allé demander la salle du Noormeulen parce qu'elle est beaucoup plus haute que les autres, et il a fait venir des gens comme Jean Galfione qui est venu sauter à Grande-Synthe ou encore Vanessa Boslak. Il a intégré ça en même temps que le carnaval, ce qui a permis aux athlètes de haut niveau de pouvoir participer à une compétition, aux clubs environnants de pouvoir également s'investir dans l'organisation, et de faire découvrir à tous ces athlètes le carnaval sur Dunkerque.»

C'est la première grosse manifestation qu'organisait le club d'athlétisme. Pierre Hondermarck prend goût à l'organisation d'évènements qui sont pour lui à chaque fois une occasion d'amener le sport au plus près des spectateurs qui, il l'espère, viendront à l'athlétisme. Alors, il cherche un nouvel évènement à mettre sur pied. Il rassemble les membres de son club et pose la question comme un défi «*Pourquoi on n'est pas capables d'organiser les championnats de France ?*» Gwendoline Hondermarck se souvient bien : « *Et puis c'est décidé, il a dit on organise les championnats de France. C'était quelqu'un qui rassemblait beaucoup de monde, c'était quelqu'un qui savait diriger, qui savait mener les hommes et pendant toute une année, il s'est investi pour qu'on organise les championnats de France.* Pierre Hondermarck est un perfectionniste, même si parfois cela retentit comme un défaut, pour Gwendoline, c'est un moteur : « *Je crois que c'est pour ça qu'on a pu avancer, parce qu'il cherchait toujours. Il allait toujours au fond des choses. Il fallait que rien ne l'embête.* »

Avec ce "moteur", le club est allé aux interclubs en nationale 2, ça ne s'était jamais vu avant. Des athlètes poussés au niveau national. « *On a eu Jordhy Carpentier qui a fait les championnats du monde à Santiago du Chili. On a eu Nada Mellouck qui est championne de France cadette, interrégionale en cross, sélectionnée aux championnats d'Europe en 1996. On a eu Daniel Herlem qui a été quatre fois champion de France au marathon en vétéran, je pense que c'est à force de travailler et d'être derrière les gens que le club a pu se permettre d'avoir une autre optique qu'un simple déplacement en compétition. Je crois que toutes les années, il y a eu quelque chose. C'était soit une équipe en interclubs, en nationale, soit un athlète qui perçait. Quand Jordhy est parti à Santiago du Chili, c'était la fête parce qu'il était le premier athlète international junior à partir comme ça.* »

Alchimiste, il transforme le plomb en or

Les 112ème championnats de France de cross-country, le 4 mars 2001 sur le site du Puythouck, c'est du jamais vu !... 3.500 athlètes en lice, plus de 20.000 visiteurs attendus, 12 épreuves sur la journée. Elles sont qualificatives pour les championnats du monde qui doivent se dérouler à

Dublin en Irlande les 24 et 25 mars suivants. 3 boucles sur le tracé du parcours et ce n'est pas tout, loin de là. On compte 4.000 barrières qui servent à canaliser le flux des spectateurs, une zone de départ fermée contenant 45 boxes avec portiques appropriés, une zone d'arrivée avec tribune d'honneur, des estrades pour la presse et la télé à proximité du podium. Sans parler des locaux, vestiaires avec douches, salle de presse et de secrétariat des épreuves, un service de maintien de la propreté du site, un service de l'hébergement, de la restauration et du transport des athlètes, sans oublier le service médical constitué de médecins, de pompiers et du SAMU. La liste ne serait pas complète si on oubliait le jury composé de la délégation fédérale et de membres de la ligue du Nord Pas-de-Calais d'athlétisme et 200 officiels. Ce Barnum fonctionne grâce à une armée de 500 bénévoles qui travaillent d'arrache-pied avant, pendant et après la manifestation. Beaucoup d'entre eux sont membres de l'OGS, bien sûr, mais des renforts sont venus des clubs d'athlétisme du bassin dunkerquois, et d'autres associations, parfois même pas sportives. Voilà pour les chiffres et les mensurations de cette journée inédite à Grande-Synthe.

La décision officielle de mettre sur pied les championnats de France de cross country à Grande-Synthe a été prise par le comité directeur de la fédération française d'athlétisme le 8 avril 2000. La municipalité, via la direction des sports et l'OGS athlétisme sont prêts à relever ce challenge. Organiser une manifestation d'une telle ampleur n'est pas à la portée du premier venu, et quand on sait que Grande-Synthe a doublé Marseille dans la dernière ligne droite, on sent pointer un peu de fierté et le "*n'est pas à la portée du premier venu*" prend alors toute sa valeur.

Notons également que le dossier du projet de l'OGS athlétisme, qui a été présenté à la fédération, a obtenu l'unanimité des membres du jury chargé de statuer sur l'attribution de cet événement national. Bien entendu, la ligue du Nord Pas-de-Calais et le comité du Nord d'athlétisme sont associés à ce projet fou et réaliste.

Le parcours avalisé par les instances nationales a été tracé sur le site du Puythouck en fonction des catégories engagées. La distance parcourue lors de l'épreuve reine, celle des seniors, compte 12 km. Elle est semée de grandes buttes comportant des pentes avoisinant les 15 % et une arrivée en côte au menu des réjouissances font frémir nombre de compétiteurs. D'importants travaux ont été menés sur le site, comme la couverture de certaines parties macadamisées, ainsi que l'élargissement ou la réalisation de voies de passage, l'aménagement de buttes, etc.

A la tête du comité d'organisation, Pierre Hondermarck et son équipe travaillent depuis le mois de janvier 2000 à la préparation de cette journée. Rien n'est laissé au hasard, les installations seront testées par les championnats régionaux de cross du 21 janvier 2001, et comme si cela n'était pas suffisant, l'OGS athlétisme organise en plus un championnat de jeunes scolaires USEP en ce tout début mars. Pour certains le sport n'est pas toujours là où l'on croit, et la partie visible n'est, pour ceux-là, qu'une conclusion qu'ils partagent comme un artiste son œuvre.

Pierre prévoit tout, chaque point de détail génère ses propres détails Un seul impondérable l'amuse « *Si la pluie se met de la partie quelques jours avant l'épreuve, je ne vous dis pas...* » lâche-t-il sur le ton de l'ironie. Finalement, c'est la neige et le froid qui le tracasseront plus qui ne l'amuseront. Gwendoline son épouse en a un souvenir indélébile : « *La nuit avant le jour du championnat de France, il neigeait. Tout était blanc et ça glissait partout et je me souviendrai toujours, il s'était levé vers 4 heures du matin et il était parti faire le tour du terrain pour savoir s'il n'y avait pas de danger, s'il ne fallait rien changer. Il était perfectionniste au possible.* »

A l'OGS hand-ball qui joue la discrétion, en remplacement de Denis Jaeger, une présidente vient d'être élue. On la connaît déjà bien. Monique Merlen est au club depuis 1988. Conduite par ses enfants qui y sont licenciés, elle raconte : « *Mes trois enfants font du hand-ball. J'en ai un qui joue à Mulhouse, j'en ai un autre qui joue en Nationale 3 à Gravelines et le plus grand est entraîneur et joue ici au club. J'accompagnais mes enfants quand ils étaient petits. J'ai commencé par laver les maillots, après on m'a demandé d'être vice-présidente et après je suis arrivée présidente.* » Monique Merlen résume son parcours en deux phrases, pourtant cela fait vingt-cinq ans qu'elle est présente les soirs d'entraînement, les journées de match. Si au sein de son club certains l'appellent affectueusement Mamie, c'est parce qu'elle est à la tête d'un club familial qui représente quand même en 2013, 120 licenciés avec une école du hand qui accueille une vingtaine de jeunes à partir de quatre ans. Et puis un choix d'emblée de club d'appoint que Monique explique : « *On est un petit club avec des grands clubs autour, donc on est un vivier pour les grands clubs. Quand on a de bons joueurs, automatiquement on vient nous les chercher, c'est normal. Ça fait mal au club, mais c'est normal. Il faut donc qu'on ait une petite masse qui arrive pour pouvoir les former et les projeter plus loin.* » Le club évolue en excellence départementale.

Dimanche 21 octobre 2001, le sport synthois perd un grand Monsieur. Yves-Pierre Ferland décède brutalement à l'âge de 58 ans. Homme de caractère très apprécié à Grande-Synthe, dynamique et ouvert, il a été pendant vingt-cinq ans le président de l'OGS. Grand amateur de basket et médaillé de la jeunesse et des sports, il a été vice-président du comité du Nord de basket. Retraité de l'éducation nationale, Yves-Pierre Ferland était titulaire des palmes académiques.

Le 4 décembre 2001, A la mémoire d'Yves-Pierre Ferland et de Michèle Liagre, grande présidente de l'OGS gymnastique décédée récemment également, une minute de silence est observée par l'ensemble du comité à la demande de Claude Limousin qui organise l'élection du nouveau président. Après plusieurs appels à candidature infructueux, Patrick Warembourg se présente. Le vote a lieu à bulletins secrets. Il y a 27 votants, Patrick Warembourg seul candidat est élu par 17 oui, 2 bulletins nuls. Le nouveau bureau de l'OGS Union se compose de Patrick Warembourg, président, Claude Limousin, vice-président, André Bécuwe est secrétaire et Daniel Papin trésorier. Ce même bureau qui le 8 mars 2002 annonce par la voix de son président, l'inauguration le 23 mars prochain de deux salles, en mémoire des deux personnes disparues : le complexe de tennis Yves-Pierre Ferland le matin et la salle de gymnastique Michèle Liagre l'après-midi.

Les joueurs de billard font les trois bandes et les jeux d'échecs deviennent un sport à part entière

Du 20 au 22 juin 2003, L'OGS billard organise au Palais du Littoral la finale de France de trois bandes. Trois journées durant, sur deux billards de trois mètres dix, chaque compétiteur rencontre à tour de rôle ses adversaires au cours de parties jouées sur trente-cinq points. Vincent Lelièvre est sacré champion de France 2003 au sortir de ce tournoi qui regroupait les sept meilleurs joueurs français plus un invité du club organisateur, en l'occurrence Jérôme Vanuxem médaillé de bronze aux championnats de France espoirs. Il tire son épingle du jeu et monte sur la troisième marche du podium.

Philippe Blot est un joueur passionné d'échecs. Le 12 septembre 2003, il présente son club au comité directeur avec l'espoir d'intégrer l'OGS. En fait, la création du club d'échecs remonte au 3 novembre 1995. Philippe Blot raconte : « *On a passé des petites annonces dans les maisons de quartier pour recruter des joueurs afin de jouer aux échecs et puis on s'est retrouvés à un puis à trois, puis à deux. Au fil du temps, un groupe s'est constitué et on a créé l'association avec un petit noyau de cinq personnes, le soutien de la municipalité et l'agent de développement de la maison de quartier du Courghain.* »
L'association "le coin de l'échiquier" s'affilie très vite à la fédération française des échecs. Fatigués de pousser des pièces de bois sur un damier entre eux, les joueurs décident de s'inscrire dans les compétitions. « *Notre première compétition c'est la saison 1996-97, le championnat départemental par équipe, donc un an après notre création. On avait une équipe de quatre joueurs, nous étions capables de disputer tous les matchs de la saison. Au bout de la première année on a accédé au niveau régionale 4. C'était plutôt encourageant.* »
Philippe Blot se souvient en particulier de l'année 1999. Cette année-là, "le coin de l'échiquier" organise et accueille à Grande-Synthe le championnat du Nord des jeunes. 135 jeunes participent à ce championnat qui se déroule à l'ancien espace Janssen. 1999, c'est l'année où l'on commence à entendre parler du club d'échecs de Grande-Synthe. Et puis en 2000, celle qui va tout changer pour de bon, c'est Marie-George Buffet. Elle est alors ministre de la jeunesse et des sports et elle agrée la discipline échecs comme un sport à part entière. « *À partir du moment où les échecs ont été reconnus comme sport en France, il nous est apparu évident de nous rapprocher des associations sportives grand-synthoises et de l'OGS qui est la vitrine des sports de la ville.* »

Une première fois CFA2 pour gouter

La saison 2003-2004 est une très belle saison pour l'OGS football, dont l'équipe fanion joue en division d'honneur. Les joueurs se débrouillent bien sur les terrains, L'équipe est homogène et se situe dans le haut du tableau. Louis Baldan se souvient : « *Le premier grand moment du club, ça été la première montée en CFA2. L'équipe première était allée jouer dans la Somme pour décrocher une qualification éventuelle en CFA2. L'entraîneur c'était Patrick Paternoga. Par ailleurs, nous organisions un tournoi junior au stade Jean Deconninck. On recevait des équipes belges, hollandaises, anglaises, allemandes, etc. Par téléphone, nous apprenons que notre équipe a gagné, là-bas dans la Somme. C'était quelque chose. On faisait un repas après le tournoi au palais du littoral auquel on invitait toutes les équipes à manger et lorsque les joueurs sont arrivés, ça était le carnaval, ça était un grand moment.* » L'histoire ne se termine pas là, car il y a encore un dernier match à gagner à domicile pour la montée en CFA2, Louis Baldan continue : « *Pour le dernier match, le dimanche d'après on recevait Rottel, une équipe des Ardennes. Ce jour-là, on gagne trois à un. Le terrain a été envahi par les supporters, on n'avait jamais vu ça, et à l'époque, les tribunes étaient pleines à craquer. C'était la première fois qu'on montait en CFA2. Malheureusement, l'année d'après, le challenge était un peu trop dur pour nous, parce qu'on ne s'était pas renforcés à l'avenant et donc on est redescendus. On a changé l'entraîneur, Pascal Langlois est arrivé, Patrick Paternoga est parti comme entraîneur au Qatar.* »

Le 12 mars 2004, le comité directeur de l'OGS reçoit Ellen Lebecque. Elle envisage de créer un club de tir à l'arc sous l'égide de l'OGS. Le club serait ouvert à la compétition et pourrait avoisiner les trente adhérents. Ils sont déjà plusieurs grand-synthois à pratiquer ce sport dans d'autres clubs du littoral, l'idée est de tenter de les rassembler au sein de ce nouveau club. L'accord de principe est donné, A charge pour Mme Lebecque de constituer son association.
Ellen Lebecque explique les circonstances qui ont conduit à la création de son association : « *Le club a été créé parce que mes enfants avaient découvert le tir à l'arc dans le cadre du périscolaire et il n'y avait pas de club de tir à l'arc à Grande-Synthe. Au départ, ils ont même été licenciés à*

Coudekerque-Branche, et puis ça faisait loin, et puis nous aimons tous notre ville et on a voulu, avec l'aide de la mairie, créer ce club. L'OGS nous a accueillis dans son groupement d'associations à ce moment-là. » Pour arborer les couleurs de l'OGS, les clubs doivent avoir des compétiteurs engagés sur les agendas publiés par les fédérations. Le tir à l'arc n'échappe pas à la règle. « *Dès le départ, nous sommes compétiteurs. Bien sûr, nous somme peu nombreux la première année, on devait être une vingtaine, je pense, dont beaucoup sont encore au club actuellement. On a démarré en bas de l'échelle et très vite, les filles - puisque nous sommes un club où les filles sont les meilleures - Les filles ont brillé par équipe et se sont retrouvées très rapidement en division nationale. Avec bien entendu aussi plusieurs qualifications au niveau des championnats de France en individuel. Cela n'empêche pas que la pratique de certains soit restée une pratique de loisir. On a aussi plusieurs hommes qui se sont qualifiés en championnat de France, ou même ont décroché des accessits en championnat de France. On a beaucoup trop de diplômes régionaux et départementaux à tous les âges pour que je les cite. Tous les âges ont pu briller à un moment ou à un autre. Au niveau national, on a quelques titres de champion de France, moi-même en vétéran, j'ai déjà décroché quelques podiums et ça m'a fait bien plaisir parce que j'ai commencé le tir à l'arc, j'avais plus de 50 ans.* » Si son club fonctionne bien, Ellen Lebecque a une autre bonne raison d'être heureuse et fière de ce qu'elle a créé, avec sa fille Pascale qui réalise un parcours sportif des plus brillants : «*Pascale a démarré au club, elle devait être au niveau cadette et elle était déjà sélectionnée en équipe de France à cette époque-là. Elle tirait à l'arc classique, puis elle a évolué vers l'arc à poulies. Ça fait maintenant cinq ans qu'elle tire à l'arc à poulies, toujours en équipe de France. Elle est actuellement classée septième mondiale, qualifiée pour les jeux mondiaux en Colombie cette année. C'est l'extraterrestre du club, elle est bien au-dessus du niveau du club, mais elle s'entraîne avec nous sans problème. Elle a une facilité actuellement avec la salle du stadium de pouvoir s'entraîner parfois deux fois par jour ou avec le terrain qui est superbe et qu'on a maintenant. Elle s'entraîne plus que nous. Ce n'est même plus notre moteur, elle nous a trop dépassés.* »

Moins tendue que la corde de son arc, même si ça lui tire un peu...

Entre deux avions, deux compétitions, Pascale Lebecque raconte un peu son parcours, sa vie d'athlète de haut niveau : « *Mon frère faisait du tir à l'arc déjà, ma sœur aussi, donc j'ai suivi. J'ai commencé à 13 ans, ça m'a plu parce que j'étais plutôt douée et puis après ça été la compèt. La compétition me plaît encore plus que l'activité tir à l'arc en elle-même, en fait. J'ai fait partie de l'équipe de France avec un arc classique pendant cinq ans. J'ai eu la chance de visiter partout dans le monde les terrains de tir à l'arc, avec le "classique" et ensuite le "poulies" c'est simplement une catégorie différente, mais les compétitions sont les mêmes, mis à part pour les jeux olympiques qui ne sont pas ouverts aux arcs à poulies, mais il est question que ça change pour les prochains J.O.* » Pascale passe beaucoup de temps loin de Grande-Synthe, et c'est encore le cas cette année. « *Cette année, il y a la Pologne, la Turquie pour la coupe du monde, ensuite, les jeux mondiaux, ce sont les jeux olympiques des sports non olympiques, en Colombie en juillet, puis la finale de la coupe du monde au mois de septembre, avec les finalistes, les huit meilleurs mondiaux des coupes du monde, à Paris, c'est l'événement de l'année. Retour en Turquie à Entalya pour les championnats du monde fin septembre début octobre.* » On pourrait se dire alors que d'être toujours loin de son club finit par éloigner pour de bon et définitivement, mais Pascale y est accrochée « *Ah ben oui ! Moi, c'est ma base. J'ai toujours été très fière de tirer pour Grande-Synthe, puisque même derrière le maillot de l'équipe de France, il y a le maillot de Grande-Synthe. Ça a toujours été une très grande fierté, j'adore mon club, les licenciés sont tous supers et puis je suis là au même titre que les autres. Que je sois septième mondiale ou qu'il y ait un débutant à côté de moi, on est tous sur un même pied d'égalité et c'est ça la richesse du tir à l'arc, justement. Je crois qu'on a de la chance dans ce club, parce qu'on est tombé que sur des gens super, mais dans certains pays, ce n'est pas le même système. Les élites ne sont pas mélangées. Elles sont dans des structures fermées. Il y en a aussi en France, j'ai testé et je préfère rester ici. Je suis bien mieux, c'est beaucoup plus stable et c'est plus sympa.* »

Le même 12 mars 2004, André Bécuwe rapporte une demande verbale de M Bernard Junot, président de l'Amicale canine. Son club fonctionne depuis plusieurs années avec une subvention de la ville, mais il souhaite rejoindre l'OGS. A l'issue d'une discussion nourrie, un vote est organisé. A quinze voix pour, trois abstentions et une voix contre, Bernard Junot sera invité à la prochaine assemblée générale pour argumenter sa demande.

Il en dit plus long sur le chemin qui a conduit son club canin à l'OGS : « *C'était une demande que j'avais faite auprès de l'ancien président, Yves-Pierre Ferland. Après, comme il était décédé, je n'y ai plus pensé. Quelques temps après, avec le bureau, nous avons décidé d'intégrer l'OGS Union parce qu'on y a beaucoup d'amis qu'on connaît de longue date, donc on ne vient pas là découvrant un monde. On vient là parce qu'on a besoin de conseils sur la comptabilité. Il y a des gens qui sont extrêmement pointus sur la question. Je pense à André qui à chaque fois qu'il vient, il nous explique des petites choses qui vont ou qui ne vont pas.* »

La comptabilité est un point important non seulement pour chaque club, bien entendu, mais aussi pour l'OGS Union qui, à travers sa commission de contrôle, supervise les documents et la tenue des comptes. « *Avec les nouvelles commissions que Gérald Cormier a mises en place, on passe une fois en commission à l'OGS et après on passe en commission de finance à la mairie. Là, on est recontrôlé. Il y a l'adjoint aux sports, et des membres de l'OGS, c'est vraiment du sérieux.* » Bernard Junot apprécie ce processus qui crédibilise le travail de chacun. L'OGS garantit la bonne tenue des comptes de chaque club. Le trésorier de l'Union peut attirer l'attention des trésoriers des clubs sur certaines petites erreurs quand il y en a, et permet de rectifier les dossiers avant le passage en commission de finance en mairie. Un travail en bonne intelligence est donc mis en place pour plus de clarté, d'efficacité et de réactivité, ce qui rend serein chaque bureau de club, ainsi que les élus qui n'ont pas toujours le temps pour statuer et décider si des documents manquent, ou si un dossier est "mal ficelé". Au-delà de l'adaptation de son système comptable, l'amicale canine a mis quelques temps à intégrer l'OGS, mais c'est fait depuis 2011.

Le sport synthois a de grandes valeurs et sait le démontrer quand il le faut

En 2006, au club d'escrime survient un événement qui va bouleverser non seulement les membres du club, mais au-delà, toute la communauté du sport synthois. L'âme du club, Jean-Marc Bobeuf disparaît subitement. « *Au-delà de la perte que l'on éprouve, ça vient un peu compliquer les choses puisqu'on se retrouve sans enseignant. Particularité de l'escrime, si on n'a pas d'enseignant diplômé, on ne peut pas fonctionner.* » précise Arnaud Descamps. « *À l'époque, le club de Dunkerque nous est venu en aide en nous mettant à disposition Jérôme Messian qui est un élève de Jean-Marc et qui évoluait à l'époque à Dunkerque. Il nous a proposé de rejoindre la salle d'armes de Dunkerque, le temps des entraînements. Ça nous permettait de boucler la saison, sachant qu'on avait aussi des échéances sportives, puisqu'on avait une jeune du club qui participait à sa deuxième fête des jeunes qui est l'équivalent du championnat de France chez les minimes.* » La saison se termine et, on le comprend bien, le club n'a pas eu le temps de réfléchir à la façon dont il va fonctionner à l'avenir. « *On a réussi à convaincre Jérôme Messian de nous rejoindre. Problème, on passait d'un enseignant bénévole à un maître d'arme salarié puisque Jérôme est maître d'arme diplômé d'État et souhaitait vivre de la pratique de l'escrime. On connaissait à l'époque des difficultés financières, on n'était pas en mesure d'assurer son salaire et c'est là que l'OGS Union nous est venue en aide.* »

Le traitement des difficultés rencontrées par l'OGS escrime est exemplaire de solidarité entre un club, la mairie et l'OGS Union. Le 3 mars 2006, lors d'une réunion du comité de direction de l'OGS Union, Xavier Vermersch de l'escrime fait part de ses inquiétudes au sujet de la pérennisation du club au-delà de la saison. Adjoint aux sports, Olivier Berthe se veut rassurant et déclare mettre toutes les énergies en œuvre pour conserver le club.

Le 12 mai 2006, l'escrime évoque à nouveau ses difficultés. Sa pérennité passe par le recrutement d'un maître d'arme. Olivier Berthe qui suit le dossier de près, réaffirme son soutien pour aider le club à trouver des solutions, des moyens d'exister. Lors de l'assemblée générale du 9 juin 2006, René Segard de l'OGS football propose une aide solidaire de toutes les sections à hauteur d'1 % de leur budget pour que vive l'escrime. Une réunion tripartite, composée de la municipalité, de l'OGS Union et le club d'escrime, s'est tenue pour étudier la situation, ainsi que l'avenir du club et arrêter des mesures pour le pérenniser. Un maître d'arme serait engagé pour effectuer 15 heures par semaine, dès la saison prochaine 2006-2007. La municipalité accorde une subvention exceptionnelle afin d'équilibrer les comptes. Par ailleurs, à l'unanimité les différents représentants des clubs de l'OGS acceptent une contribution exceptionnelle à hauteur d'1 % maximum de leur subvention de base pour un an. « *Sans cette aide providentielle de l'OGS Union, je vois mal comment on aurait pu continuer à fonctionner.* » conclut Arnaud Descamps.

« *L'OGS, c'est une éthique, c'est un peu comme une confrérie. On y est ou on n'y est pas. Si on y est, on a une obligation morale de respecter les statuts, de venir aux réunions, ça permet de se connaître les uns les autres. On n'est pas isolé dans son coin, on est solidaire parce qu'un problème qu'a un club, l'autre peut l'avoir demain. Les commissions de finance de l'OGS servent non seulement à mettre les dossiers de demande de subvention en bon ordre, mais aussi à voir la santé financière des clubs. On décèle plus facilement les problèmes avant qu'ils éclatent pour de bon, parce qu'on pourrait toujours craindre qu'un club qui est à la dérive et qui aurait tout à coup des grosses sommes à payer, on ne peut jamais affirmer d'avance, mais ce que je peux dire, c'est que s'il y avait un coup dur, nous saurions gérer la difficulté sans l'aide de la mairie.* » complète André Bécuwe.

Les 15 et 16 avril l'OGS gymnastique organise la demi-finale des championnats de France par équipe. Une centaine d'équipes, soit environ un millier de compétiteurs sont passés par l'arbitrage des 85 juges présents pour les différentes catégories : interrégionale générale, critérium national, fédérale B, fédérale A, et division nationale. Deux équipes ont porté haut les couleurs de la ville, puisqu'elles se sont qualifiées pour les championnats de France. L'équipe benjamine/minime critérium se classe première, quant à l'équipe fédérale A, elle se classe deuxième et jouera dans la cour des grands en fédérale 1, le plus haut niveau, la saison prochaine.

Alors que débutent les championnats du monde d'escrime, la municipalité et toute l'équipe de l'OGS escrime sont rassemblées, le 29 septembre, au gymnase de l'école Pierre et Marie Curie qui est la salle d'arme du club. Ce soir-là, le gymnase est inauguré au nom du maître d'arme disparu trop tôt, trop vite pour tout le monde, Jean-Marc Boboeuf.

Dans le sillage des Jeux Olympiques qui vont se dérouler à Londres à l'été 2012, Le Nord-Pas-de-Calais pourraient être une sorte de base arrière pour les athlètes français, et peut-être même pas seulement... Alors dans les communes de la Côte d'Opale, on étudie les capacités d'accueil en termes d'équipements sportifs. Olivier Berthe qui est présent à la réunion du comité directeur du 23 février 2007, annonce que dans le cadre des préparations des J.O., il y aurait des occasions à saisir. Il pense notamment au vélodrome qui pourrait se doter d'une demi-couverture ou d'une couverture totale. A Grande-Synthe, on va penser aussi au complexe Léo Lagrange qui devrait être entièrement refait, agrandi et avec des spécificités comme par exemple la salle d'arme de l'escrime entre autres...

Depuis plusieurs années, à Dunkerque, au moment de la rentrée de septembre, les associations sportives participent à un évènement très important pour elles, puisqu'il leur permet de rencontrer en un espace-temps très court, de potentiels nouveaux pratiquants. Au fil des années "Dunkerque en survet" a essaimé dans les communes de l'agglomération. A Grande-Synthe ça s'appelle "Sport'ouvertes", ça se passe au Palais du Littoral le premier samedi de septembre post-rentrée scolaire. Pour la première édition grand-synthoise, Le 6 septembre 2008, Sport'ouvertes a un peu transformé le Palais du Littoral en un grand gymnase. Selon le principe des voisins dunkerquois, l'évènement met en relation directe les clubs de sport et les habitants qui en une journée peuvent venir découvrir des disciplines, s'y inscrire, et participer à des démonstrations. Ils ont même la possibilité d'essayer avant de prendre une licence. Le public est comblé et les clubs sont à chaque fois heureux de pouvoir boucler ou presque en un après-midi leurs inscriptions. C'est aussi un bon moyen de mesurer, comme s'il y en avait besoin, l'affection que les grand-synthois portent à leurs clubs sportifs.

11 octobre 2008, le club house du rugby est bondé pour l'assemblée générale du club qui vient de prendre un peu plus de poids. Roger Dupont

note l'augmentation sensible du nombre de licenciés à son club, soit plus 27 % par rapport à l'an dernier. Il relativise et pense que c'est sans doute l'effet coupe du monde qui a fait progresser les effectifs de façon notable surtout au niveau de l'école de rugby. Puis il trace les perspectives d'avenir pour cette nouvelle saison 2008-2009 qui démarre : le club vise le maintien des filles en nationale 1. Pour les seniors garçons, l'objectif est d'accéder à la fédérale 3. Pour les cadets, il s'agira de remporter le plus de victoires face à des clubs de grand renom dans le championnat Alamercery qui est le plus haut niveau pour cette catégorie d'âge. Par ailleurs, le club obtient une distinction qui, si elle peut revêtir parfois des contours un peu sportifs, ne se dispute pas sur un terrain, mais avec des chiffres, des colonnes et de la rigueur. La trésorière, Martine Flahout fait remarquer la bonne santé financière de son club qui le place parmi les mieux gérés de France ! Rien que ça !

En ce mois de novembre, des jeunes de treize ans de l'OGS football, finalistes de la coupe de la ligue sont sur le gazon mythique de Clairefontaine et découvrent le domaine de Montjoy grâce à la Voix des Sports. Le rêve est devenu une réalité pour trente jeunes et leurs accompagnateurs. Une journée trop courte qui restera certainement à jamais gravée dans les mémoires de ces footballeurs en herbe, conclut le journaliste.

C'est à la réunion du comité de direction du 7 novembre 2008 que Jean Proot annonce que Christophe Vanhems a pris la présidence du club de natation water-polo. Christophe Vanhems n'arrive pas là par hasard. Il est déjà un ancien du club, comme il l'explique lui-même : « *Je suis arrivé au club en 1980, en même temps que Maurice Chevalier, mais je venais de moins loin puisque j'étais au CND, Club des Nageurs de Dunkerque. J'y étais déjà depuis 10 ans. J'ai été un des premiers à quitter le club de natation de Dunkerque avec mon frère et ensuite la majorité des gens est venue ici. J'ai joué jusqu'en 1989, puis de 1989 à 1992, donc pendant quatre saisons j'ai été joueur entraîneur, puis simplement entraîneur. Je suis membre du comité depuis 1984 ou 1985, secrétaire assez longtemps et je suis devenu président presque par défaut parce que de par mes activités d'arbitre, je suis souvent absent.* »

Un nouveau "vaisseau amiral" du sport en approche

En ce début d'année 2009, l'hiver installe le mercure au sous-sol du thermomètre et colore les rues de tons clairs délavés qui se perdent dans des brouillards froids et quotidiens. Toutefois une vague jaune et bleue est en train de réchauffer le cœur des grands-synthois. C'est un peu comme une coupe du monde quand elle rallie chacun à sa chaleur, à sa joie. Même ceux, qui habituellement se tiennent loin des clameurs de tribunes, se rapprochent, essayant de s'approprier un bout de cette braise qui se partage bien volontiers dans le froid de l'hiver.

Pendant ce temps, le 7 janvier, une réunion a lieu avec le maire, Damien Carême, les services techniques et le comité Union ainsi que l'OGS tir à l'arc et l'OGS cyclisme pour présenter un projet de nouvel équipement sportif. Cet équipement est un nouveau vaisseau amiral du sport. Il va déclasser tous les autres. Il a toutes les dimensions d'un grand projet : sportives, sociales, esthétiques et environnementales. On parle d'un pôle sportif à l'entrée Est de la ville. Après la cession à Immochan des terrains de football et de rugby qui se trouvent au Puythouck, ce nouveau complexe sportif est envisagé afin de rassembler les sportifs de disciplines différentes au sein d'un même équipement. Gérald Cormier adjoint aux sports, ergonomiste peut-être, mais surtout fier de ce projet, dit : « *Avec ce transfert, nous améliorons considérablement le confort des sportifs pour leur permettre de s'adonner à leur passion dans les meilleures conditions.*» Ce pôle sport contiendra trois terrains de rugby, dont un synthétique, deux terrains de football, dont un synthétique, il sera ceint par un double anneau : le premier est une piste cyclable d'une longueur de 1.300 mètres et d'une largeur de 6 mètres ; le second est une piste de course à pied de même longueur, mais d'une largeur de 3,50 mètres. Il y aura aussi un pas de tir pour les pratiquants du tir à l'arc. Le bâtiment hébergera des vestiaires, des locaux de rangement, un hangar, les bureaux de l'OGS Union, ainsi que les clubs house du cyclisme et du rugby qui vont disposer d'une vue panoramique sur les terrains. Les tribunes totaliseront, elles, 625 places. Les responsables des clubs concernés sont comblés. Philippe Limousin raconte : « *Damien Carême réfléchissait sur la possibilité de* transférer les activités sportives du Puythouck, ailleurs. Il a été convenu que cela se fasse au Basroch. Dans un premier temps, nous les cyclistes, nous n'étions pas dans le projet. C'était les terrains de foot et de rugby qu'on transférait. Au départ, on demandait le même vélodrome, mais on n'avait pas réfléchi assez. Quand l'idée du projet a commencé à germer, là nous est apparue une évidence, on s'est dit houlà… » Les cyclistes prennent conscience que la piste telle qu'ils la connaissent, c'est terminé et puis le principe selon lequel il faudrait que cela soit accessible au plus grand nombre écarte définitivement un projet de vélodrome au nouveau pôle sport. « On s'est inspiré de quelque chose qui existe dans le midi de la France que j'ai recommandé à Damien Carême d'aller voir. C'est l'idée d'un anneau cycliste autour du complexe sportif, et voilà comment est arrivé ce projet-là. L'avantage c'est qu'on peut faire du vélo en compétition, en loisirs et aussi en famille et là, on élargit le nombre de clients qui peuvent accéder à ça. C'est vrai qu'avec le premier vélodrome, on ne pouvait pas y aller en famille. Il n'y avait que les coureurs et l'école du cyclisme qui pouvaient y aller. C'était trop restrictif. » Cette idée de piste proposée par Philippe Limousin apparait alors comme quelque chose d'intéressant pour tout le monde, aussi bien pour le club que pour les pratiquants occasionnels du vélo. L'idée est adoptée et complétée d'une piste de course à pied qui termine parfaitement l'ensemble.

Une épopée footballistique inédite

Depuis plusieurs semaines Grande-Synthe fait les choux gras des médias nationaux qui parlent de foot et qui étalent au fil de leurs colonnes et de leurs écrans la performance de nos footballeurs. A 15 heures, le 25 Janvier 2009, les gars de Pascal Langlois, l'entraîneur de l'équipe fanion qui joue en Division d'Honneur, vont disputer le match historique de 16ème de finale de coupe de France contre l'équipe de Grenoble qui évolue en ligue 1.

La Coupe de France est organisée par la Fédération Française de Football et ses ligues régionales. Elle se déroule sur toute la saison, d'août à mai. Pour la saison 2008-2009, la compétition à élimination directe met aux prises 5.987 clubs amateurs et professionnels à travers la France. Sur huit matches disputés en quatre mois, les grands-synthois ont inscrit vingt-trois buts. Saïd Dabach, Claude Essosso et Florian Franchois sont les meilleurs réalisateurs avec quatre buts chacun. Ils sont suivis par Alios Cogalan et Rudy Demeester qui en ont marqué chacun trois. Pour Pascal Langlois, c'est aussi une grande première. Dans sa carrière de joueur, il n'a jamais eu le bonheur de rencontrer une équipe de l'élite. Au début des années 90, lorsqu'il était capitaine à Boulogne sur mer, il devait faire face en coupe de France au PSG des Ginola, Ricardo, Valdo, mais pas de chance. « *Je me suis blessé au genou quinze jours avant le match. Il y avait 15.000 spectateurs. J'avais les glandes. J'ai donné le coup d'envoi et suivi le match avec Michel Denisot qui était le président du PSG.* » Il tient peut-être là une sorte de revanche…

Du côté de l'organisation les choses se mettent en place, le match se jouera à Dunkerque au stade Tribut. Si Grenoble annonce un bus de supporters, Grande-Synthe fait le plein au niveau régional, Lille commande 700 places. Les calaisiens, éliminés au tour précédent par l'équipe synthoise de Saïd Dabach, ne sont pas rancuniers et annoncent aussi un bus de supporters. Les 3.000 billets sont partis à la vitesse de la lumière. « *Avec toutes les demandes qu'on a eues, on pouvait faire 5.000 spectateurs.* » n'hésite pas à dire Jean-Marie Bœuf, le secrétaire du club. Pascal Langlois, lui, prépare ses joueurs "à la façon de…" C'est un grand match, historique, il veut que cela le soit aussi dans la préparation et dans l'esprit de ses joueurs. Après une dernière séance d'entrainement le 23 janvier, il annonce sa sélection pour dimanche. Les dix-huit champions retenus vont passer les deux jours qui arrivent à se détendre. Au programme, une séance vidéo au club house, la soirée se poursuit dans un restaurant chic de Bierne, puis nuit à l'hôtel à Armbouts-Cappel. Dimanche matin, promenade pour se dégourdir les jambes et en fin de matinée le dernier repas au club house. La pression monte. L'équipe de Grenoble est dans le vestiaire d'à côté, les supporters sont dans les tribunes, l'heure tant attendue approche à grandes foulées...

Un vent froid balaie le terrain et une petite pluie fine termine de plomber le moral des isérois, mais il fait chaud dans les tribunes et autour du terrain. L'équipe de l'OGS football a toute une région derrière elle. Le journaliste écrit : « *Lorsque les Grenoblois débarquèrent en début d'après-midi sur la pelouse du Stade Tribut de Dunkerque, on put lire une certaine inquiétude sur leurs visages. Les pros de la Ligue 1 avaient l'air de se demander dans quel traquenard ils allaient tomber. Une inquiétude confirmée quelques minutes plus tard.* »

Grande-Synthe fait chavirer de bonheur les trois mille spectateurs à la douzième minute. Le buteur du jour, Florian Franchois a bien reçu le message qui vient des tribunes « *Flo, fais-nous rêver !*» Son but en a fait rentrer plus d'un dans le rêve. Les grenoblois sont plus rapides et supérieurs techniquement, mais l'intelligence de jeu penche du côté des olympiens. L'égalisation à la vingt-neuvième minute n'atteint pas les tribunes. A la mi-temps, tout est encore possible, Les joueurs synthois sont devenus une machine à rêver d'un incroyable espoir. Les supporters pensent le tenir, il est là à portée de la main. Il est palpable en chacun d'eux, il faut le cueillir, les jaunes et bleus peuvent le faire ! … Le miracle n'aura tenu que le temps d'une mi-temps. Les rêves se couvrent de nuages sombres après la reprise, lorsque les grenoblois entrent en possession du jeu. Les olympiens tentent bien de trouver le chemin de l'exploit, mais Grenoble marque un deuxième but à la quarante-septième minute. Les gars de Pascal Langlois sont alors comme un équipage sur une frêle coque de noix en pleine tempête. Ils se battent contre les éléments, allant chercher la hargne et le courage au bout de cette idée que rien n'est joué d'avance. Les dix dernières minutes de la partie se transforment en attaque défense devant les buts grenoblois, mais rien n'y fait, le ballon n'entre pas. L'esprit de la Coupe est bien-là, vibrant, passionnant, épique même. Et puis à la quatre-vingt quatorzième minute, les grands-synthois prennent un coup sur la tête, des larmes d'acide coulent sur des joues trop chaudes dans cet hiver. Grande-Synthe encaisse un troisième but qui défait l'équipe et glace les tribunes. Près de trois mille personnes viennent de se réveiller hagardes dans un cri, celui de la défaite. Score du match : 3 à 1. Ils n'ont rien lâché, ils ont été braves jusqu'au bout. Jamais Grande-Synthe n'avait été autant exposé dans les médias de la planète foot, jamais la ferveur n'avait à ce point conquis les cœurs, même des plus réfractaires. Pascal Langlois conclut : « *On a bien défendu le foot amateur, on peut être fier de ce qu'on a fait.* »

Putain de bagnole !!

Deux mois plus tard, le 23 mars 2009, un dimanche comme un autre... Pas tout à fait. Une sale date, un trop mauvais jour qu'on voudrait qu'il n'ait jamais existé, ou alors qu'il se soit déroulé différemment. Ce jour-là Pierre Hondermarck, cyclotouriste confirmé, termine une sortie à vélo. Sur le chemin, il est violemment heurté par une voiture dans le rond-point desservant le centre commercial Auchan en venant de la route de Spycker. Renversé, il tombe sur la chaussée. Malgré le port de protections, outre des fractures graves, il souffre d'un traumatisme crânien et d'un œdème cérébral important. Pierre Hondermarck sombre dans le coma. Son état de santé ne laisse guère de place à l'optimisme.

Sept jours de combat contre la fatalité, le 30 mars, Pierre nous quitte définitivement des suites de ses blessures. Dans le monde sportif et au-delà même de l'OGS, c'est un cataclysme. Pierre Hondermarck avait 63 ans. Dès son plus jeune âge, il rêvait de devenir coureur cycliste professionnel et pourquoi pas un jour sillonner les routes du Tour de France. Ses parents ne voient pas les choses du même œil et malgré leurs réticences, il dispute sa première course cycliste en 1963 (une grande année), sous les couleurs du SC Bourbourg. Il décroche son premier bouquet en 1964 au Grand prix du Boernhol à Coudekerque-Branche. Service militaire, feux continus dans l'antre du géant de l'acier, mariage, enfants, blessures en course, pépins de santé ont eu raison de sa carrière cycliste, pourtant prometteuse. Il se reconvertit alors dans la course à pied, et plus particulièrement le cross, jusqu'à la passion. Coureur de fond dans l'âme, quinqua, il lui arrivait encore de courir en compétition et faire souffrir les jeunots qui auraient pu avoir l'idée de lui disputer le podium. Au-delà de la présidence du club d'athlétisme grand-synthois, il dirigeait ou collaborait à l'organisation de grandes épreuves : les Foulées du Grand Large, le Circuit synthois, l'épreuve de Bourbourg, sans oublier le cross de l'Acier. Il a créé les Boucles Synthoises qui en étaient à leur trente et unième édition. D'un naturel serein et affable, il répondait toujours présent. Il était particulièrement apprécié de l'ensemble des grands-synthois qui avaient pu, un jour, croiser sa route. « *Ce grandiose organisateur avait offert à notre ligue un magnifique championnat de France de cross en 2001. Pierre est de ces dirigeants qui manqueront à l'athlétisme tant sa volonté, ses connaissances et ses qualités de meneur d'hommes étaient un bien pour notre ligue.* » salue Philippe Lamblin, le président de la Ligue Nord-Pas-de-Calais d'athlétisme. Les larmes dans ses mots et l'émotion contenue, Philippe Limousin écrit sur le site internet de l'OGS cyclisme « *Le sport grand-synthois perd un de ses plus grands serviteurs, un battant, un bénévole exemplaire, un ami, un vrai, un passionné...*»

Le comité de direction de l'OGS du 15 mai s'ouvre sur une minute de silence observée par l'ensemble du comité, à la mémoire de Pierre Hondermarck et de Roger Butny au football. Eric Beys annonce qu'il assure la présidence par intérim jusqu'à la prochaine assemblée générale du club d'athlétisme.

L'OGS billard tient pour la dernière fois son assemblée générale dans ses locaux du complexe Léo Lagrange. Gérald Cormier explique que la Ville prévoit que le déménagement de toutes les activités sera terminé fin août. L'OGS billard va être plongée dans un sommeil quasi forcé. Daniel Blot envisage, pour ses joueurs, de demander asile aux clubs voisins durant les dix mois de travaux qui s'annoncent...

Une charte de bonne conduite contre l'anti sport

Incivilités, irrespect envers les autres joueurs, envers les arbitres et même la hiérarchie dans les clubs, poussent Gérald Cormier à réfléchir à un code de bonne conduite. Il sollicite pour cela le concours de Daniel Papin et d'André Bécuwe pour l'étude d'une charte du sportif grand-synthois. Cette charte serait affichée dans chaque association sportive et serait signée lors des inscriptions ou renouvellements de licence par chaque adhérent ou son représentant légal qui sera tenu de la respecter.

Le problème n'est pas nouveau, mais jusqu'à présent peu se sont réellement pencher dessus pour tenter de le résoudre. Louis Baldan se souvient : « *A l'OGS football, on parle beaucoup d'éducation parce qu'on en avait un peu marre d'entendre dire qu'à Grande-Synthe c'était que des étrangers. Par ailleurs, c'est vrai que les gars étaient un peu soupe au lait et lorsqu'on allait jouer en extérieur, ils se faisaient traiter, ce qui déclenchait rapidement une bagarre. Ce qui a fait que nous n'avions pas une excellente réputation. J'étais entraîneur de l'équipe minime et je me souviens que j'avais aussi des rapports un peu particuliers des fois avec les arbitres, parce que j'avais l'impression d'être défavorisé à cause des jeunes qui jouaient avec moi et ça me mettait à cran. On a donc créé un conseil de discipline à l'intérieur du club.* »

Les premiers à avoir adopter une charte de bonne conduite, ce sont donc les footballeurs de l'OGS. Areski Fatis le président explique son cheminement : « *Il y a neuf ans, lorsque je suis devenu président du club, je me suis rendu compte qu'il y avait beaucoup de problèmes d'incivilité, aussi bien entre les dirigeants, qu'au niveau des jeunes et du public. Chaque semaine, on constatait des dérapages, des agressions physiques de nos éducateurs, des agressions verbales de nos dirigeants, vol et dégradations de matériel. Nous avons donc monté la commission d'éthique.* » Les jeunes qui entrent au club signent une charte par laquelle ils s'engagent à avoir un bon comportement. Toute tricherie et violence sont bannies, mais cela passe aussi par le respect de tous les intervenants, des dirigeants du club à l'adversaire sur le terrain, le respect des règles et des décisions, la douche obligatoire et l'accès au vestiaire interdit aux parents à partir de la catégorie poussin. Un challenge du fair-play est organisé. Les éducateurs notent les joueurs et les cinq meilleurs, toutes catégories confondues, sont récompensés en fin de saison. La commission éthique va plus loin, elle traite aussi le volet social en accompagnant le jeune au-delà du club, envisageant même son insertion dans la vie active. « *On essaie de leur inculquer des valeurs qui sont celles du savoir-vivre en communauté, celles du sport.* » conclut Areski Fatis. Malgré cette formalité qui engage très sérieusement les sportifs au sein du club, l'OGS football affiche un nombre de licenciés chaque année bridée par défaut des moyens humains nécessaires, une manière de dire qu'il refuse du monde…
La charte n'est donc pas un frein au sport, bien au contraire, elle est un rempart contre l'anti sport. C'est Gérald Cormier qui, avec ses mots, mais aussi sûrement sa passion du sport, le fera comprendre aux clubs et à leurs licenciés lors de Sport'ouvertes 2009, le samedi 5 septembre. « *On a travaillé le contenu avec les associations sportives, avec Ahmed Cheriet,*

adjoint à la citoyenneté. J'ai proposé une trame à l'OGS Union, puis une dernière réunion avec les clubs en mairie pour boucler le texte. » il ajoute : « *Il serait préférable que chaque club adhère et applique de son plein gré la charte. Si on ne partage pas son contenu, c'est qu'on a rien à faire dans le sport.* » Le dispositif comporte une deuxième phase : chaque nouveau licencié et chaque renouvellement de licence, le sportif se fait remettre un fascicule qui reprend les valeurs du sport. On y retrouve des gros mots fondateurs comme respect, fraternité, solidarité, responsabilité, entre autres et offre aux petits clubs peu structurés un support permettant de recadrer les éventuels écarts de leurs membres. Tous les sportifs et parents de jeunes sportifs synthois sont appelés à signer cette charte qui deviendra au fil des ans, une condition incontournable pour faire du sport encadré à Grande-Synthe. La démarche est exemplaire et les clubs d'alentours nous l'envient secrètement, quand ils n'en copient pas certains passages pour leur propre usage…

Un esprit d'échange
pour multiplier les chances

Le 7 mai, Le club house du football est bondé, il faut dire que se trouvent là des représentants du club de Boulogne sur mer et notamment Jacques Wattez le président de l'USBCO. Areski Fatis a souhaité réunir les deux clubs dans un esprit d'échanges et d'enseignement « *Nous avons une bonne équipe d'éducateurs, et il est temps de nous développer. Nous avons besoin des conseils et de l'approche d'un club structuré comme le club de Boulogne.* » Jacques Wattez ajoute : « *Il y a à Grande-Synthe un homme qui s'appelle Pascal Langlois qui a fait énormément de bien à Boulogne, aujourd'hui c'est peut-être un juste retour des choses.* »
Une convention est signée par les deux présidents. Cet accord va donc permettre des échanges sportifs et techniques entre les deux clubs qui n'évoluent pas dans la même catégorie. Si les footballeurs de Grande-Synthe sont en CFA 2, les boulonnais, eux, évoluent en ligue 1 chez les professionnels. Jacques Wattez, un peu en grand frère « *Grande-Synthe est un club de référence dans le district maritime Nord. Pour nous c'est un plus, et on a envie de faire profiter à des clubs comme celui-là, nos expériences et connaissances pour les faire évoluer.* » La convention fixe,

entre autres, comme objectif la progression des jeunes à la fois sur le plan humain, scolaire et sportif par la mise en place de synergies, notamment en termes de formation des éducateurs et d'évaluation de joueurs. Concrètement, les jeunes joueurs de l'OGS participeront à des stages d'évaluation avec comme but non dissimulé de leur faire intégrer les effectifs des différentes catégories au sein de l'USBCO, de les faire éventuellement participer à des tournois nationaux, et le moment venu de les amener vers l'équipe professionnelle de l'USBCO. Pour le patron des jaunes et bleus, cette convention rassemble deux cultures dont il espère qu'elles se complèteront « *Ici, notre culture du football, c'est la culture du joueur de ballon. A Boulogne, ils ont une culture de combattant. Si on pouvait associer la culture de nos techniciens à celle des battants boulonnais, je suis certain qu'on pourrait faire de grandes choses*. »

L'assemblée générale de l'OGS Union du 12 juin 2009, officialise l'entrée de l'Amicale Canine au sein de l'Olympique Grande-Synthe. Son entrée sera effective à compter du 1er janvier 2010

Un chapitre plus long que prévu pour la piscine Léo Lagrange

Le 23 août, la piscine Léo Lagrange ferme ses portes pour un lifting très attendu et annoncé spectaculaire. Au-delà de la rénovation, c'est un complexe sportif ultra moderne qui doit ouvrir ses portes aux grand-synthois dans quelques mois, une année tout au plus...
Inaugurée, il y a trente-six ans, la piscine a vieilli, ses installations aussi. Avec ces travaux de rénovation, la Ville veut en profiter pour regrouper des activités sportives disséminées dans différents locaux vieillissants et pas toujours adaptés aux activités sportives qu'ils abritent. Il s'agit donc de rénover le bâtiment comprenant la piscine, le gymnase et des locaux associatifs, puis de construire sur une superficie d'environ 2.800 mètres carrés, un boulodrome de vingt-quatre pistes couvertes et une aire sportive regroupant une salle d'escrime, une salle de billard et un dojo de jiu-jitsu. Sans le dire vraiment, mais en le souhaitant fortement, l'ambition de l'équipe municipale est d'être prêt pour offrir des structures sportives modernes en tant que base arrière aux Jeux Olympiques de Londres, en

2012. La promesse faite aux clubs hébergés est de faire en sorte que ces travaux aient le moins d'impact possible sur leurs activités. Bien sûr la natation, le water-polo, l'aqua-gym et la plongée doivent se trouver, pour même pas six mois, un bassin de substitution dans les communes voisines. D'autres clubs comme le billard ont été déplacés vers d'autres équipements de la ville. Tout le monde est confiant, dans un an le complexe sera inauguré et les clubs hébergés auront des locaux entièrement rénovés…

Le comité directeur du 30 avril 2010 place Claude Limousin comme président d'honneur de l'OGS Union. Un nouveau bureau est élu. Patrick Warembourg est reconduit aux fonctions de président, Louis Baldan devient vice-président et secrétaire adjoint, tandis qu'André Bécuwe est élu au poste de trésorier et Tony Gilliers est secrétaire.

Au stade Jean Deconninck, les tribunes s'unissent par la toiture qui se pare d'un verre solaire translucide partiellement occultant qui capte les rayons du soleil pour les transformer en électricité. Par ailleurs, le stade doit subir quelques transformations eu égard au fait que l'équipe fanion de l'OGS football joue en CFA2. Gérald Cormier est rassurant « *On est déjà ok sur quatre-vingt pour cent de ce qui est demandé par la fédération. On a la taille du terrain à revoir et le pourtour du stade à occulter.* » Trois ans, c'est le temps donné à la ville pour mettre le terrain et ses abords en conformité CFA2.

Au Basroch, des bennes, tirées par des tracteurs, déplacent des tonnes de terre, des pelleteuses creusent, des hommes s'affairent sur le chantier d'un joyau du sport synthois à naître. Des grues à tour font leur apparition, le projet se dessine en volume et commence à laisser deviner dans un ciel unicolore la découpe d'un bâtiment aux teintes béton coulé.

Le 7 janvier 2011, le comité directeur est réuni. Patrick Warembourg lit la lettre envoyée par Daniel Papin qui explique son départ de l'OGS Union. Homme au caractère bien trempé, Daniel Papin a été l'un des grands artisans du passage, en 1997, de l'OGS omnisports à l'OGS Union. Un désaccord, à ses yeux, irrémédiable l'oblige à quitter l'OGS Union. Son travail intègre sera salué et il restera une grande figure du sport synthois.

La pratique du vélo évolue,
Evoluons avec le vélo

L'OGS cyclisme marque ce début d'année avec le congrès national de la fédération du cyclisme qui se tient au palais du littoral durant trois jours. Le maire, Damien Carême assiste aux différents débats. Il a une idée forte depuis quelques années : redonner sa place au vélo dans la ville. Un débat éveille en lui un certain intérêt. « *Il entend que le BMX est en plein essor, et il se dit - Pourquoi on ne ferait pas une piste de BMX ? - Il y en a une sur Lille, il y en a une à Calais et puis c'est tout. Il n'y en a pas ici sur le Dunkerquois. On s'est rendu compte qu'il y avait, dans l'emprise de terrain du Stadium, un espace qui n'était pas utilisé.* » raconte Philippe Limousin qui ajoute « *L'intérêt du BMX, c'est que c'est très ludique et ça peut déboucher sur la compétition. Il y a de la demande, j'ai des appels toutes les semaines, des e-mails. On fait patienter, mais c'est sûr qu'à la rentrée de septembre 2013 on va avoir une nouvelle vague de licenciés qui va arriver pour le BMX.* » Quelques mois plus tard, Philippe Limousin qui a œuvré dans les arcanes de la petite reine, obtient quelque chose d'unique dans l'histoire du cyclisme, à tout le moins local. Il a usé de toute sa persuasion et dimanche 8 mai, les coureurs des Quatre Jours de Dunkerque s'élancent pour la dernière étape, depuis… un chantier. Ce chantier c'est celui du Pôle sport qu'on n'appelle pas encore Stadium du littoral. C'est un beau coup de projecteur sur cet équipement qui sera inauguré dans quatre mois.

Réunie en assemblée générale extraordinaire le 29 mars, l'OGS Union doit statuer sur un projet qui a déjà reçu son aval des basketteurs. Ce projet n'est autre que le rapprochement du club de basket synthois avec celui de Bourbourg. Si les deux clubs travaillent déjà ensemble pour permettre aux jeunes Bourbourgeois d'évoluer au meilleur niveau, ce projet d'union ne concerne que l'équipe senior 1. Le but avoué : rejoindre la Nationale 2 à terme. Vincent Vassalle explique ce choix : « *Ça fait quatre saisons qu'on termine deuxième de Nationale 3. Au bout d'un moment, on ne s'investit plus de la même façon. Avec Bourbourg, on s'entend bien, alors on s'est dit - "Pourquoi ne pas travailler ensemble ?" - Si on veut monter en Nationale 2, il y aurait plus de facilité.* » Au club de Bourbourg, on s'imagine aussi un avenir en Nationale. « *Avec les moyens qu'on a, on ne peut pas se maintenir indéfiniment en Nationale 3. C'était la dernière année. L'an passé, en battant Grande-Synthe dans le derby, on les avait empêchés de monter en Nationale 2.* » complète l'entraîneur Stéphane Dupas et ajoute « *On se fait "la guerre" sur le terrain alors qu'on est presque voisins. A un moment, il faut peut-être travailler ensemble. D'autant qu'on s'entend bien en dehors.* » Dans les deux clubs les volontés se sont exprimées favorablement à cette union. Les municipalités ont également donné leur assentiment, L'OGS Union donne son accord également, tout comme la fédération française de basket-ball. Tous les feux sont au vert pour cette nouvelle équipe siglée UBGS pour Union Bourbourg Grande-Synthe qui va jouer alternativement à Jean-Jaurès et à Debussy.

Léo Lagrange pris en otage, le stadium du littoral inauguré

Christophe Vanhems de l'OGS natation water-polo s'inquiète de la date de la réouverture de la piscine et signale que l'avenir de son club est en jeu. La piscine devait déjà être réouverte il y a un an, mais de surprise en déception, d'imprévus en erreurs, de colère en désillusion, le maire, son adjoint aux sports et les services techniques cherchent des solutions pour tenter d'ouvrir le plus vite possible le complexe Léo Lagrange et ses bassins. Pas besoin d'être un spécialiste pour s'apercevoir qu'elle est toujours en travaux. Pire encore, depuis quelques mois plus rien ne bouge. Les entreprises ont déserté le chantier. La piscine est une carcasse de béton livrée aux intempéries et c'est toute une population qui est prise en otage dans une guerre absurde d'experts, de chefs avec des casquettes pas toujours bien vissées sur leurs responsabilités. Le 4 septembre lors de l'inauguration du pôle sport qu'on appelle déjà Stadium du littoral, dans son discours Damien Carême exprime sa colère à propos du complexe Léo Lagrange « *Je suis autant scandalisé que vous par la longueur de ce chantier qui non seulement pénalise l'OGS natation water-polo, mais aussi les grands-synthois, surtout les enfants qui ne peuvent pas apprendre à nager. Je n'accepte plus la véritable prise d'otages dont nous sommes l'objet et qui nous a fait perdre dix-huit mois.* » La quasi-totalité des gens qui sont là dans les tribunes, applaudit chaudement ces mots et le ton ferme employé. Ils applaudissent parce que sa colère c'est aussi la leur.

Ce 4 septembre 2011, c'est aussi et surtout la fête du sport avec ce nouvel équipement en entrée de ville. Grand, beau, ouvert, accessible, visible, des qualificatifs qui témoignent de l'enthousiasme que crée cet équipement. L'ouverture au plus grand nombre cher à la municipalité est déjà démontrée par le public qui a largement répondu à l'appel. Damien Carême avoue sa fierté : « *C'est le neuvième équipement en dix ans de mandat. Je suis très fier de mettre à disposition ce type d'équipement, le seul au Nord de Paris. Football, rugby, tir à l'arc et une piste de vélo hors circulation ouverte la journée à tous.* »

Se trouvent là des invités prestigieux qui ont marqué leur nom dans l'histoire, comme Bruno Wojtinek, Jean-Marie Leblanc, l'ancien directeur général du Tour de France, Cyril Guimard, le directeur sportif du Tour de France, Marc Madiot, le président de la Ligue professionnelle de cyclisme.

Le Stadium du Littoral est un équipement unique dans l'agglomération puisqu'il rassemble pas moins de cinq disciplines sportives. Sur douze hectares le complexe sportif offre trois terrains de rugby dont un synthétique, deux terrains de football dont également un synthétique, un pas de tir à l'arc, une piste de jogging, et plus rare, un anneau cycliste de 1.300 mètres. Grâce à cet anneau clôturé et éclairé le soir, il devient désormais possible de pratiquer la marche, la course à pied et le vélo en toute sécurité, sept jours sur sept et les douze mois de l'année.

Il n'existe, à ce jour, que deux autres pistes cyclistes de ce type en France. Par ailleurs, ce nouvel équipement est en mesure d'accueillir de grands événements en offrant aux compétiteurs comme aux supporters des conditions de confort optimales : une tribune de 617 places assises, une terrasse panoramique, des clubs house spacieux. A l'intérieur du bâtiment de 2.400m², les sportifs licenciés bénéficient de grands vestiaires, d'un sauna et d'une salle de musculation.

Sportifs chevronnés, licenciés d'un club grand-synthois, pratiquants de la course ou du vélo en loisirs, seniors, familles, ce nouvel équipement universel est créateur d'envies. Il suffit d'y venir voir tous les jours ces habitants qui viennent faire de la marche, une séance de jogging, rouler à vélo, ... Du groupe de musulmanes qui vient à pied, fait un tour de piste et s'en va, au gamin parfois accompagné de son père, de sa mère venir tourner sur la piste cyclable en toute sécurité, et puis le soir ce sont les cyclistes sportifs des environs, pas seulement grand-synthois qui prennent plaisir à s'entrainer ici.

Chacun à sa manière s'est approprié l'endroit et c'est ce qui le rend vivant comme le sport ! « *On s'en rend compte, puisque depuis presque deux ans que le Stadium est ouvert, on voit bien l'engouement et la fréquentation du site, c'est exceptionnel.* » conclut un Philippe Limousin ravi et ajoute « *Le petit regret que nous avons aujourd'hui, c'est de n'avoir pas pensé plus tôt à la piste de BMX. On aurait tout fait en même temps.* » Comme l'anneau cycliste qui n'était pas prévu au tout début du projet, La piste de BMX a dû faire sa place dans les esprits avant de trouver sa place au Stadium. Après les conseils de pro de la discipline, après avoir mesurer le degré d'attente des jeunes, et avoir retravaillé les plans, la piste de BMX a ouvert en septembre 2013. Sur près de 3.000 m² spécialement dédiée à la pratique de cette discipline et réservée aux enfants de moins de 14 ans. Pour des raisons évidentes de sécurité, il faut être licencié au club pour y accéder. Soutenu par le Comité Régional Nord-Pas-de-Calais qui fournit les éducateurs professionnels et spécialisés pour encadrer les séances, l'OGS cyclisme entre dans une troisième génération de pratique du vélo.

Dans le petit monde du sport local, ce n'est plus un secret, l'OGS volley-ball va mal. Le comité de direction du 16 septembre 2011 se réunit pour en parler et trouver des solutions. Gérald Cormier annonce qu'il demandera à l'association de restituer la subvention versée pour 2011-2012. Le club ne fermera toutefois pas afin de laisser la possibilité à ceux qui le désirent et s'en sentent les capacités, de former un nouveau comité et de repartir sur de nouvelles bases.

Fin septembre, on parle de sortie de crise pour le chantier du complexe Léo Lagrange. Un planning des travaux restant à faire est édité avec les entreprises du site. Quelques ouvriers s'activent, des échafaudages sont montés, des engins de chantier circulent, les travaux ont bien repris. Du côté de la municipalité, on ne s'aventure plus à prédire une date d'inauguration, même si on imagine une ouverture vers juin ou juillet 2012… Roger Dupont qui est en charge du dossier dit avoir aplani les discordes entre les entreprises, sources du blocage. C'est néanmoins pour lui, un gros challenge. Dans d'autres cercles de discussion, on est moins optimiste quant à l'ouverture aux alentours de juin ou juillet 2012, mais Roger Dupont est aussi un dirigeant sportif, il sait qu'il faut toujours positiver pour y arriver.

Pour des raisons pratiques de circulation, de sécurité en ville et parce que le sport synthois a maintenant un équipement qui le permet, la municipalité demande à ce que le Circuit Synthois organisé par l'athlétisme soit relocalisé au Stadium du Littoral. L'épreuve est programmée pour le 27 octobre 2012.

Vendredi 2 décembre 2011 l'OGS cyclisme, qui cette année fête ses 45 ans, étrenne son club house avec sa première assemblée générale au Stadium du littoral. Les coureurs semblent avoir des ailes depuis septembre avec la piste cyclable du Stadium du littoral. Déjà plusieurs coureurs d'autres clubs l'ont bien compris et viennent s'entraîner là. Philippe Limousin commente « *La piste cyclable c'est un véritable joyau pour les sportifs et la piste remporte un vrai succès auprès des cyclistes. C'est un outil extrêmement précieux pour pouvoir progresser en toute sécurité ce qui est très important.* » Exit la trêve hivernale, enfermé chez soi à pédaler sur un vélo d'appartement.

Le 6 janvier 2012, Christophe Vanhems apprend au comité de direction le décès, trois jours plus tôt, d'Alain Neuville président-fondateur de l'OGS natation. Il était intimement lié à la ville. Il la connaissait mieux que le fond de sa poche pour l'avoir arpentée dans tous les sens avec un appareil photo, une caméra, son stylo et ses mots quand il la racontait au passé, au présent et il avait sûrement un avis sur l'avenir... Patrice Vermeersch, directeur de l'ASTV, se souvient « *René Carême nous avait confié la création du SAV, le Service Animation de la Ville, qui regroupait au départ la culture, le développement de l'activité du Palais du littoral qui sortait de terre, c'était aussi l'émergence d'un service, celui des sports confié à Jean-Luc Mierzejewski, mais sous la responsabilité globale d'Alain Neuville.* » Si Alain avait pu rédiger ce présent ouvrage, c'eut été un grand bonheur pour tous, tant sa connaissance du sujet n'eut fait un seul instant débat. Il est en quelque sorte le grand frère de tous ceux qui dans cette ville tiennent un appareil photo, une caméra, un micro ou un stylo pour en conter chacune de ses pulsions.

Quand les jeunes du foot
prennent exemple sur leurs aînés

En ce début d'année, à travers la coupe Gambardella, les jeunes U19 de l'OGS football sont en train de vivre les mêmes joies et angoisses que leurs aînés, il y a trois ans. Cette coupe, organisée par la Fédération Française de Football, est une épreuve ouverte aux équipes de catégorie 18-19 ans. Emmenés par Didier Patalin leur coach principal et Tony Fernandez l'entraîneur adjoint, les jeunes Olympiens ont déjà battu Hazebrouck, ils ont battu Douai et Le Portel en ligue Nord-Pas-de-Calais. *« Le 11 décembre dernier, pour notre premier tour fédéral, on a reçu à domicile le Havre Frileuse qui joue en division d'honneur, une division au-dessus de la nôtre. On les a battus 4 à 0. »* Précise Anthony Fernandez.

Chaque match est éliminatoire, il est donc impératif de gagner pour continuer. Si la coupe Gambardella se répète chaque année, cette fois les choses sont bien différentes, car aux dires mêmes des dirigeants du club, ce que sont en train de faire les jeunes est non seulement inédit au plan national, mais carrément historique pour le club. *« C'est la première fois qu'une équipe U19 de l'OGS foot arrive au tour fédéral et c'est en même temps très rare qu'une équipe de promotion d'honneur comme la nôtre va en 64ème de finale de la coupe Gambardella. »* Les jaunes et bleus sont motivés et se préparent comme des pros. L'entraînement est renforcé tant dans l'intensité que dans la fréquence des séances. Contre Livry-Gargan en région parisienne, Amza Azenked inscrit deux buts en première période. L'OGS est en orbite, mais avec deux buts d'avance, la confiance s'installe. Dans la deuxième mi-temps, les franciliens se reprennent et rattrapent leur retard. Résultat au bout du temps règlementaire, c'est le match nul 2 – 2. Prolongation, puis séance de tirs au but, le score final 3 – 4 est favorable aux olympiens qui se qualifient pour la 32ème de finale, où le haut du panier national se côtoie.

Il y avait cent quarante-quatre équipes au départ, quatre-vingt ont déjà été éliminées. La pression monte, Grande-Synthe est dans le lot des équipes qui ont peut-être encore un avenir vers la coupe. Avec leurs entraîneurs, les jeunes footballeurs étudient le jeu du prochain adversaire. Il est prestigieux, c'est le Stade Rennais, une référence en matière de formation. Rennes a pris l'habitude de se voir décerner le titre de meilleur centre de formation français, ces dernières années. Ce sont des joueurs avec un potentiel de futurs pros. Les joueurs de l'OGS peuvent créer la surprise avec leur capacité à faire front, à rester unis dans l'adversité et à aller au bout d'eux-mêmes. « *On a essayé de laisser le moins de place au hasard. Ce n'est pas n'importe quelle équipe qui vient à Deconinck. Les gars sont décontractés. Il y a de l'insouciance, ils ont 19 ans. C'est un atout pour nous. Ils pensent que c'est réalisable.* » déclare Tony Fernandez. Le 29 janvier 2012, sur la pelouse du terrain Deconinck, durant la première mi-temps, les jaunes et bleus n'ont rien lâché. Le score 0 à 0 est encourageant. Rennes a bien eu des opportunités, mais Grande-Synthe s'est bien défendu. C'est à la deuxième mi-temps que les gars de l'OGS vont payer leur impertinence. Rennes marque presque coup sur coup. Les olympiens sont dépassés physiquement et tactiquement. Les rennais remportent finalement le match 5 - 0. Le score est sévère, mais à l'impossible nul n'est tenu. « *Ça été une belle aventure humaine qu'on a commencée, il y a six mois à Gravelines pour notre premier match. On a vécu de beaux moments. Aujourd'hui nous sommes éliminés par le Stade Rennais, c'est une belle fin pour nous.* » conclut Tony Fernandez.

Une compétition qui ne manque pas de chien

Dans le cadre des préparations de la 18ème coupe du monde de chiens de travail en mondioring qui se déroulera à Grande-Synthe en octobre, le stade cynophile Léon et Marie-Jeanne Destailleur reçoit le premier week-end de mars les sélections internationales des hommes assistants. Douze candidats venus d'Italie, de Grèce, du Portugal, de Monaco, de Belgique et de France se disputent les deux premières places de prestige. L'homme assistant est l'auxiliaire des juges lors des compétitions de mondioring. Il œuvre dans le costume d'homme d'attaque, un costume spécial, sur mesures et homologué. Sur le terrain, cinq juges internationaux venus de Suisse, d'Italie, du Portugal, de Belgique et de France notent les candidats. L'un des français est Auxerrois, Roger Dimano, compétiteur dit sa joie d'être là « *Il y a le sport, la passion, mais aussi le prestige de jouer avec des chiens qui sont de vrais sportifs de haut niveau. Ça permet d'approcher des champions et de discuter avec leur propriétaire, c'est très enrichissant.* » Cette fonction dans le monde de la compétition cynophile nécessite quand même d'obtenir un brevet comportant une partie théorique. « *Il y a un apprentissage de la fonction d'homme d'attaque, on n'est pas tout de suite mordu par un chien qui charge sur trente mètres.* » conclut Roger Dimano qui reviendra à Grande-Synthe en octobre en tant qu'homme assistant dans la catégorie Grand Prix, ainsi que le portugais Ramirez, tandis que ce sont le français Guilloteau et l'italien Constantini qui auront l'ultime privilège d'être les assistants pour la coupe du monde de mondioring.

A l'autre bout de la ville, un nouveau printemps s'éveille pour les membres de l'OGS tir à l'arc qui se retrouvent pour une première assemblée générale dans leurs nouveaux locaux du Stadium. Ellen Lebecque estime avoir gagné en liberté en arrivant au Stadium « *Avant on était éclatés sur plusieurs salles et ce n'était pas toujours facile de se retrouver. Ici, s'il fait beau, on est dehors, il fait moins beau, on est à l'intérieur, c'est une grande liberté que nous avons gagnée là.* » Pour tous les clubs hébergés au Stadium du Littoral, la visibilité accrue, les expose à un accroissement du nombre de nouveaux licenciés. Ellen Lebecque répond sans détours « *Même si on est plus visible qu'avant, de toute façon au tir à l'arc, on n'a pas la structure pour être un très gros club. Ça demande des entraineurs, nous sommes tous bénévoles dans le club et je ne veux pas qu'on devienne un club professionnel.* » La présidente estime par ailleurs que pour des raisons de sécurité, le maximum de licenciés à son club ne peut excéder quarante. Le petit club convivial au fonctionnement participatif n'empêche pas de bons résultats. «*Les résultats sportifs pour moi sont la conséquence d'un bon encadrement, d'une bonne ambiance, et ce ne sont pas les résultats d'une personne, même s'ils sont exceptionnels, qui reflètent la vie du club.*» Au niveau régional, le club s'en sort bien avec des résultats à son échelle. Ellen lâche modestement qu'elle vient de gagner une médaille aux championnats de France. Cependant, elle n'imagine pas de compétition au Stadium avant 2013, mais plusieurs stages départementaux. «*Même la ligue va venir faire des stages sur notre terrain. Quand ils ont vu nos installations, ils ont dit pas de problème !* »

Le premier week-end de juin 2012, le Palais du littoral accueille le premier salon du vélo avec, pour commencer, une pluie de champions que les visiteurs peuvent croiser au hasard des allées. Arnaud Demare, champion du monde sur route, catégorie "espoir". Arnaud Molmy, professionnel licencié à l'OGS Cyclisme, fierté du club synthois, Didier Ramet, champion d'Europe "Master" sur piste, cinq fois champion de France, Benoît Daeninck, 190 victoires, le meilleur amateur français plusieurs fois champion de France, Jean Baptiste Peytavit, champion d'Europe de "dirty BMX" et Thomas Hamont, Champion du monde de BMX en 2008, triple champion de France et pour Grande-Synthe, conseiller technique pour la construction de la piste de BMX au Stadium du littoral. Le salon rassemble quatorze stands avec des vélos de toutes sortes. Les démonstrations de dirty BMX, autrement dit BMX acrobatique, ont retenu le souffle de bien des spectateurs. Dimanche matin, une balade à vélo a permis de faire un tour en ville. Gérald Cormier heureux de cette première « *C'est notre premier salon du vélo, nous l'avons voulu à la fois ludique, participatif et pédagogique.* » Pour Damien Carême ce salon est une étape « *Ce matin, il y a des champions et des anonymes, et c'est bien ce que nous voulons faire avec cette fête du vélo.* »

Racket de bons résultats au club de tennis

Michaël Pacula, professeur et entraîneur à l'OGS tennis a quelques motifs de satisfaction en cette fin de saison 2011/2012. En effet, les résultats du club sont plutôt bons avec notamment du côté des filles qui sont en pré-nationale, une belle performance en championnat qui a fait mentir toutes les prévisions. « *Malgré qu'elles étaient l'équipe la plus faible du championnat, elles finissent quatrième et donc elles se maintiennent.* » précise l'entraîneur qui ajoute « *C'est une belle performance, parce qu'elles ont rencontré des filles beaucoup plus fortes.* » Elles n'ont donc pas démérité, mais l'objectif affiché pour l'année prochaine c'est la montée en nationale 3. « *Notre souhait, c'est qu'elles vivent la nationale, en plus elles sont toutes jeunes, la moyenne d'âge est de dix-sept ans, elles sont en pleine progression, donc vraiment nous avons bon espoir.* » L'autre motif de satisfaction vient aussi de l'équipe des garçons de nationale 4. Ils ont bien fonctionné cette année, ils ont gagné tous leurs matches en double. « *Ce qui reflète bien l'équipe. Ce sont des gars qui ont l'habitude de jouer ensemble, ils ont fait leurs classes ici au club, je les ai eus quand ils avaient sept ou huit ans. Aujourd'hui, la moyenne d'âge de l'équipe est de vingt-cinq ans.* » La fierté de l'entraîneur se lie dans ses yeux parce que ce sont ses petits, il les a vus grandir, progresser, partir puis revenir au club. « *Ça a toujours était une équipe de copains et elle est encore plus soudée depuis qu'ils sont en nationale, c'est leur grande force.* » ponctue Michaël Pacula en capitaine d'équipe aidé par Pascal Bouly son capitaine adjoint.

Dans une autre catégorie, il y a une petite de 10 ans qui squatte les podiums. Championne des Flandres, Farah Dubal est toute timide en dehors d'un court de tennis, mais dès qu'elle est sur un terrain, elle devient une lionne. Elle tient une raquette depuis l'âge de quatre ans et représente un des jeunes espoirs de l'OGS tennis, à tel point qu'elle est boursière ligue. « *La ligue lui a attribué des leçons particulières à l'année pour l'aider à progresser.* » Précise son professeur de tennis. Sur huit tournois, elle est allée en finale à chaque fois. Elle joue contre des filles, qui souvent, sont plus âgées qu'elle. « *Il n'y a pratiquement personne de neuf ans dans sa catégorie, elle est donc automatiquement surclassée.* » lâche le père. Avec six heures d'entraînement par semaine, plus les matches le week-end, la vie entre l'école et le sport, c'est presque trop simple… Farah explique « *Le premier entraînement commence à 7h. (19 h) et l'école se termine à 4 heures et demi (16h30) entre deux, je fais mes devoirs et j'apprends mes leçons.* » Son père complète « *De toute façon, même quand elle n'a pas entraînement, elle va au club avec sa raquette et elle joue.* » Farah prend du plaisir à jouer et puis à gagner. Future étoile du tennis, ses rêves ont la couleur de la terre battue qu'elle affectionne particulièrement parce qu'elle peut glisser…

A l'OGS football, il y a un homme particulièrement heureux de sa saison. Luc Laforge détaille « *L'un des objectifs c'était d'amener nos équipes de jeunes en ligue. J'avais prévu trois équipes en promotion, en fait j'aurai quatre équipes en ligue, dont une équipe 2. Ce qui veut dire que notre projet éducatif et sportif fonctionne bien, et même au-delà des espérances puisque la cerise sur le gâteau, c'est la montée des U17 A en division d'honneur et les U17 B qui montent en ligue.* » Miloud Gaïd éducateur pour les U17 ne cache pas non plus sa satisfaction, d'autant que la saison n'était pas jouée d'avance « *On a bâti un nouveau groupe avec principalement des joueurs du club et quelques nouvelles recrues qui, au début, découvraient le club, ce qui nous a fait démarrer la saison avec trois défaites.* » Recadré par Luc Laforge, le groupe s'est installé dans une dynamique de succès pour finalement atteindre le plus haut niveau du district. Ils sont champions de promotion d'honneur et accèdent au championnat de division honneur qui est le plus haut niveau de district.

Un nouveau projet éducatif et sportif concocté par Luc Laforge, va conduire tout le club pour les quatre prochaines années. Son nom de code revêt une subtilité : "Passe vers l'excellence" Passe qui se décompose en initiales de mots forts et génériques comme P pour Plaisir que chacun doit prendre à venir à l'OGS Football, tant comme visiteur que comme joueur, A pour Accueil, là où justement Luc Laforge reconnaît des lacunes « *Là, on n'est pas bons. L'année dernière, on n'a pas pris le temps d'accueillir nos jeunes. Ils sont venus d'autres clubs avec une autre culture. Ils ne savent pas qu'on est hyper exigeants en termes de comportement. Il faut donc qu'on prenne plus de temps à accueillir les nouveaux joueurs, mais aussi tous les visiteurs.* », S pour Sociabilité, qui passe par le respect entre joueurs, mais aussi des règles et de la vie en société. Le deuxième S pour Suivi individualisé de tous les intervenants, joueurs, éducateurs, matches, entraînements, équipe dirigeante du club. Et en final E pour Éducation qui suit chacun à travers son parcours individuel d'être humain.

« *Pendant quatre ans on a raisonné équipe, parce qu'il fallait monter le niveau, maintenant qu'on est au top ou presque, il faut travailler sur l'individu avec une formation technique, mentale et physique. Nous devons faire des hommes qui ont un boulot et qui après jouent en CFA2.* » conclut Luc Laforge. Félix Tertulliani ne disait-il pas en son temps « *L'activité sportive a des ramifications sociales et culturelles.* » Un concept qui fait son chemin seulement s'il y a des hommes pour le prendre et le perpétuer.

A l'occasion de la rentrée de la saison 2012-2013, l'OGS athlétisme inaugure une nouvelle discipline qui vient tout droit de Finlande et qui est le sport santé en plein développement. Il s'agit de la marche nordique. C'est de la marche dite "rapide " qui laisse là l'esprit randonnée pour se positionner sur des thèmes sport, santé, bien-être, mais qui met de côté également l'idée de performance. L'utilisation de bâtons spécifiques, suivant le balancement naturel des bras durant la marche, aide à propulser le marcheur qui augmente ainsi sa vitesse tout en faisant travailler tout le corps. Lydia Demeyer et Eric Baeys ont suivi une formation dispensée par la fédération française d'athlétisme pour pouvoir enseigner cette nouvelle discipline. Le club compte ainsi deux entraîneurs diplômés de la spécialité

« *Une séance de marche nordique ça commence par dix minutes d'échauffement, puis une marche progressive de mise en route, ensuite une séance de cinq à six kilomètres pour une heure et retour au calme et étirements.* » Sport loisir, il permet de se détendre en plus des multi effets bénéfiques sur la condition physique qu'il apporte. Exit des terrains de sport, il se pratique sur différents terrains en contact avec la nature. Ce concept de "sport bien-être" répond à un vrai phénomène de société. Il rejoint cette idée de défi qu'avait eu Yves-Pierre Ferland en... 1991.

Au stade canin Léon et Marie-Jeanne Destailleur c'est l'effervescence. Les épreuves de la coupe du monde des chiens de travail en mondioring se déroulent à rythme soutenu devant un public à l'abri des averses sous les tentes. Du 4 au 7 octobre, on y trouve dix-neuf nationalités, quarante et un chiens en compétition. Certains sont venus du Brésil ou des Etats-Unis. L'échange et les rencontres sont une vraie chance pour chacun, et c'est pour cette pratique de l'échange, de l'amitié et de la compétition que chaque équipe est là, présente à cette coupe du monde, inédite à Grande-Synthe.
Maître-chien engagé dans la compétition, Bernard Junot fait équipe avec Heder Van de Buvetor, un berger belge malinois de quatre ans, dont il connaît la lignée « *D'abord, j'ai eu le grand père, puis après j'ai eu le fils Titus qui est le père d'Heder, mais je connais la lignée depuis l'arrière-grand-père.* » souligne Bernard Junot. La relation entre le maître et le chien est prépondérante. Durant toute une période d'apprentissage, l'entraînement va consister à canaliser l'esprit du chien, lui inculquer des automatismes, puis l'obéissance, mais toujours dans un esprit de jeu. Cet entraînement progressif débouche sur une équipe chien/maître qui doit constituer un duo parfait de compréhension et d'affection, car le chien fonctionne beaucoup à l'affect. Bernard Junot et Heder ont été qualifiés à la sixième place à la coupe de France à Mérignac, trois semaines plus tôt. A quatre ans, Heder Van de Buvetor est en pleine possession de ses moyens, mais ce n'est finalement que le facteur chance qui va décider si l'équipe synthoise montera sur le podium de cette coupe du monde de mondioring.

Ailleurs en ville, un équipement fait parler de lui. Tout un tas de rumeurs circule à son sujet, si aucune n'est fondée, comme souvent les rumeurs, pour autant les grands-synthois commencent à trouver le temps long. Trois ans déjà que la piscine Léo Lagrange est fermée. A la mi-octobre l'OGS natation water-polo tient son assemblée générale. Désabusé, Christophe Vanhems entame sa quatrième saison sans bassin. On comprend mieux son exaspération lorsqu'on jette un œil sur la courbe du nombre de licenciés du club. Avant la fermeture de la piscine en août 2009, il avait quatre cent onze licenciés, dès l'année suivante, ce chiffre tombait à quatre-vingt-neuf. Pour la saison 2012/2013, ils ne sont plus que cinquante-quatre membres. Cela n'a l'air de rien, mais c'est une réelle catastrophe pour le club.

L'adjoint aux sports, Gérald Cormier tient cependant à rassurer les membres du club de l'indéfectible soutien de la ville, et à la question qui fâche, il répond « *La dernière date avancée, c'est janvier 2013. Je tiens l'information de monsieur le maire, je ne vais pas au-delà. Et je souhaite vraiment qu'on ouvre la piscine en janvier.* » De toute façon cela ne changera plus rien. Ouverture en janvier ou en mai comme certains le prédisent, depuis trois ans, le club a dû sans cesse se réorganiser en fonction des départs « *En water-polo, on n'a plus qu'une équipe, celle des seniors qui regroupe des joueurs à partir de 14 ans.* » mais Christophe Vanhems reste positif, il sait que le chemin risque d'être long avant de retrouver le niveau qui était celui de son club « *On était dans les quinze premiers clubs au niveau régional, mais ça reviendra parce que les gens emmèneront leurs enfants pour faire un ou deux ans de natation afin d'apprendre à nager et à se perfectionner. Il suffira qu'il y ait un ou deux bons nageurs pour faire quelques résultats. Quant au water-polo, là, on en a pour dix ans au moins avant de revenir au niveau qu'avait le club avant la fermeture de la piscine.* »

La fin d'année sonne régulièrement comme période d'assemblée générale pour l'OGS rugby. Le club house est rempli, il faut dire qu'il y a un nouvel entraîneur, Bernard Meilheres, et peut-être que chacun est curieux de connaître ses projets pour le club. Les résultats sportifs du club se maintiennent placidement d'une année à l'autre. L'équipe première des séniors a quant à elle remporté le titre de champion de Flandre lors des finales régionales qui se sont déroulées au Stadium. Un évènement organisé par l'OGS rugby dont Roger Dupont garde un bon souvenir « *Ça été un grand moment pour nous, parce que nous avons accueilli plus de 2000 personnes, ça a fait rayonner le rugby.* » Le Stadium joue à plein son rôle d'attraction et ce n'est pas Roger Dupont qui dira le contraire « *Depuis que l'OGS Rugby est au Stadium, le nombre de licenciés au club a augmenté de 20 %, notamment dans les catégories jeunes où les chiffres ont explosé. Je crois que c'est dû à la beauté et à la proximité du stade.* » Le Stadium permet aussi d'entrer dans une autre dimension sportive. Le club peut organiser des compétitions avec un plus large retentissement qu'auparavant.

Bernard Meilheres, originaire du Sud-Ouest, a fait un premier entrainement vendredi devant un jury, mais son arrivée définitive devrait se faire dans les prochaines semaines « *J'ai rencontré le président, J'ai trouvé le projet sportif intéressant et le projet professionnel est en adéquation avec ce que je cherchais. Ça m'a plu et c'est pour ça que je viens à Grande-Synthe.* » C'est un homme de caractère, et vaut mieux en avoir quand on est entraîneur de rugby. Cela fait aussi plusieurs années qu'il a quitté son Sud-Ouest natal. Le dépaysement ne sera donc pas brutal : la plaine maritime peut parfois manquer de relief quand on a eu pour habitude de parler aux sommets enneigés Pyrénéens…

Même si c'est plus difficile que dans une autre discipline, l'OGS haltérophilie ne manque pas de champions et de jeunes espoirs, mais de médiatisation, c'est vrai au plan national, ça se confirme au plan local. Jimmy Alard, le jeune président est assez satisfait de la saison passée « *La saison dernière on a eu un renouvellement de jeunes qui va nous amener un bon bol d'air, et on a toujours notre équipe première en nationale 2 qu'on a renouvelée avec deux nouveaux espoirs pour le club.* » Parmi les jeunes recrues, deux se distinguent particulièrement. Thomas Scolaert est arrivé en minime en fin de saison dernière, le temps a manqué pour le faire participer au championnat de France 2012. Il s'est classé International + 1, le 9 décembre dernier. En ce début de saison, Arthur Caffin engrange lui aussi des résultats très satisfaisants « *Il a fait sa nationale + et il est susceptible d'aller au championnat de France cette année.* » continue Jimmy Alard « *Thomas Scolaert pèse moins de 62 kg et le week-end dernier, il a participé à une compétition de classe internationale. Il devait soulever au total 175 kg, et en fait, il a soulevé 176 kg, donc un très bon début de saison.* » Aux yeux du néophyte, un kilo de plus ne renversera pas le monde, mais en haltérophilie, cela peut tout changer, surtout si la saison prend le bon chemin comme cela semble être le cas. Jimmy Alard attribue ces bons résultats à l'ambiance plutôt familiale qui règne au club et au travail des cinq entraîneurs qui encadrent les jeunes et les moins jeunes dans un esprit de compétition « *On ne fait pas du tout de loisir, parce que soulever des charges pour rien, c'est monotone. Il faut la compétition pour se motiver. Entre nous, il y a de la compétition, parce que c'est ce qui nous fait avancer.* » La saison qui vient de s'ouvrir sur des résultats encourageants chez les cadets, les minimes et les juniors et des objectifs atteignables selon Jimmy Alard, devrait se terminer au printemps 2013 par la participation de quatre compétiteurs du club au World Master Games à Turin en Italie. Ce sont des rencontres sportives de niveau olympique. Ils iront également en Grèce pour le championnat d'Europe en mai prochain. Comme pour justifier ces déplacements, Jimmy Alard lance «*Bernard Roosebeck avait terminé deuxième aux championnats du monde.* » C'est aussi un bel exemple pour motiver ses troupes.

L'année 2012 brûle ses derniers feux et à l'OGS escrime on ne cache pas sa joie. En effet, Charlotte Dubuisson vient d'être sélectionnée pour l'épreuve de la coupe du monde des cadettes qui doit se dérouler en janvier à Bratislava en Slovaquie. Pour la jeune synthoise, l'année 2013 va débuter comme se termine l'année 2012 puisque le sélectionneur Jean-François Di Martino a décidé d'emmener une nouvelle fois dans sa formation la tireuse du club d'escrime de Grande-Synthe. C'est une nouvelle satisfaction pour le maître d'armes du club, une reconnaissance aussi, puisqu'après Heidenheim et Grenoble, Charlotte Dubuisson se prépare à participer à sa troisième grande manifestation d'envergure internationale.

1963-2013
Cinquante années d'un voyage à la vitesse des lumières du sport synthois

Voilà cinquante ans que l'OGS sème ses cailloux sur les terrains et dans les salles de sport du monde. De simples cailloux qui reviennent parfois avec l'éclat de l'or, de l'argent ou du bronze, qui prennent des rubans tricolores autour du cou. Il fallait peut-être être fou, acharné, ambitieux, travailleur ou visionnaire, sans doute un peu de chaque pour croire qu'un jour des sportifs capés de jaune et de bleu se retrouveraient sur la plus haute marche des podiums, regardant vers le ciel en se disant « *Non, je ne rêve pas, je l'ai fait, j'y suis*. » Tout ce bruit, tout ce temps de sueur, d'effort, de doute et de croyance, toute cette énergie pour cet instant au triomphe ultime de ce combat contre soi, aux limites sans cesse repoussées. Cinquante ans que des milliers de sportifs synthois y mettent tout leur cœur. Cinquante ans que chaque jour, ils remettent en cause les acquis d'hier, cinquante ans qu'ils font la course en tête, et pourtant tout reste encore à faire. C'est l'apanage du sport : faire, défaire et refaire. 1963-2013, cinquante ans comme un cap, surtout pas une limite, seulement une porte vers d'autres challenges, vers d'autres titres à courir, vers de nouvelles aventures à vivre en jaune et bleu... Cinquante ans et rien n'est terminé, tout recommence... Comme la piscine.

Travestissant quelques mots d'une chanson – "Ce n'est peut-être qu'un détail pour vous, mais pour d'autres ça veut dire beaucoup". Le niveau d'eau monte lentement mais sûrement dans le bassin de 900 m^3 de la piscine Léo Lagrange. Les robinets ont été ouverts jeudi 21 février. Cette étape marque d'une part, la fin de quarante et un longs mois de chantier de rénovation du complexe sportif, et d'autre part, annonce l'ouverture très prochaine de la piscine au public. Même s'il faut encore quelques semaines pour régler des aspects techniques, Roger Dupont, directeur des services techniques à la Ville, est soulagé « *Ça fait longtemps qu'on attendait ce moment.* » Samedi 16 et dimanche 17 mars 2013, un parterre d'officiels, de personnalités et d'inconnus se presse rue Rigaud. Le complexe Léo Lagrange est enfin inauguré avec en point d'orgue la piscine. Samedi et dimanche, les bassins connaissent leurs premiers remous. On touche déjà un record, celui de la fréquentation dans l'eau. La gratuité a poussé les grands-synthois à venir en masse se réapproprier cet espace de détente, de sport et de bien-être. En clôture des deux jours d'inauguration, le grand bassin se transforme en théâtre d'un impressionnant spectacle de natation synchronisée donné par la championne Virginie Dedieu. Pour remercier les grand-synthois d'avoir patienté, la municipalité a décidé de leur offrir la gratuité de l'entrée jusqu'aux prochaines grandes vacances. La piscine accueille de nouvelles activités, notamment du vélo dans l'eau, l'aqua-byking.

Depuis le début de la saison, l'UBGS caracole en tête du classement du championnat. Après quelques peurs essuyées devant des adversaires sérieux sur le chemin de la montée en Nationale 2, après trois défaites sur vingt-deux matches joués dans la saison et grâce à sa victoire face au Portel, samedi 8 avril, à la salle Debussy, le dernier match est ponctué de rebondissements (tant pis pour le jeu de mots) l'UBGS est d'abord menée, puis reprend ses esprits et mène sans se méfier de l'adversaire qui remonte au score, mais les joueurs de l'UBGS sont les plus forts. Le sifflet de fin de partie retentit. Le travail de plusieurs années, l'opiniâtreté de Yann Millois et de son équipe viennent de payer. L'UBGS accède à la Nationale

2. C'est un moment exceptionnel et historique pour le club. Les supporters envahissent le terrain, tout le monde s'abandonne à la folie de l'instant.

L'OGS gymnastique ne s'ennuie pas pour autant dans son coin, et renoue avec ce qui fut une tradition un peu perdue au fil du temps, qui était d'organiser un spectacle, une grande fête de fin de saison. Gymnastasia c'est le titre de ce   spectacle inédit qui met en scène près de deux cents gymnastes. Costumes et paillettes colorent une histoire rocambolesque qui bien entendu fait appel aux disciplines de la gymnastique et qui retient le public pendant près de trois heures. A peine reposée, L'OGS gymnastique accueille la coupe régionale de formation. C'est un circuit éducatif qui rassemble près de cent vingt gymnastes venus de tout le département. La compétition est réservée aux poussins et aux benjamins qui doivent effectuer de nouveaux mouvements. Le but étant de régénérer la gymnastique.

Au tennis, en remportant quatre des cinq rencontres disputées cette saison, dont deux victoires sur terre battue, les protégés de Michaël Pacula, qui visaient le maintien, accèdent finalement à la Nationale 3. Christophe Larangé, Kevin Deconinck, Alexis Lamant et les autres doivent leur victoire à l'esprit d'équipe irréprochable qui a fait la force de leur groupe. C'est une belle performance pour les jeunes de Michaël Pacula qui égale le meilleur niveau du club.

Un bonheur n'arrivant pas seul à l'OGS Basket, après une saison de haute lutte, où sans cesse il a fallu se remettre en cause, aller chercher la force et la conviction que c'était possible, l'équipe minime est sacrée championne de France. Pour l'entraîneur Éric Bigote c'est un exploit « *Ça restera un moment extraordinaire plein d'émotion. On a fait ça avec un groupe que personne n'attendait, même pas nous. Les gamins ont été exceptionnels. Ils se sont investis complètement. C'est la réussite de plein de gens, en fait, une réussite comme ça.* »

Le 24 juin, l'OGS escrime fait ses comptes de fin de saison : Charlotte Dubuisson a disputé quatre étapes de coupe du monde ; avec près de quatre-vingt licenciés, rarement le club à disposer d'une telle ribambelle de jeunes espoirs. Jérôme Messian « *On a fait une grosse saison, la plus grosse depuis l'existence du club. Il y a eu Charlotte Dubuisson qui est devenue internationale cette année. Les sélectionneurs nationaux l'ont très rapidement remarquée. En septembre, elle rejoint le pôle espoir à Bordeaux.* » Il se chuchote que Charlotte rêve d'une médaille d'or olympique, on dirait bien qu'elle a trouvé le chemin pour y arriver. Derrière elle, c'est tout un groupe qui s'entraîne dur et les résultats suivent. Alexis Faccia a décroché la médaille d'argent aux championnats de France Nationale 2 avec la ligue Nord-Pas-de-Calais. Les cadettes se classent septièmes meilleures joueuses nationales...

Eternel recommencement, le sport ne fige pas, il progresse dans une perpétuelle remise en cause de chacun. Ce n'est forcément la victoire en tant que telle qui rend heureux, mais le dépassement de soi, la réussite d'un travail qui repousse les barrières. Tous les clubs ont un jour obtenu de bons résultats qui les ont fait avancer.

Nous venons de parcourir cinquante années de sport à Grande-Synthe. Depuis l'instant où de rien, on est passé à un peu plus, puis d'un peu plus à une réelle reconnaissance des sportifs qui constellent en jaune de leurs noms et de leurs titres un ciel bleu de l'effort, du dépassement de soi. Jaune et bleu, c'est bien pratique pour faire du vert, couleur de l'espoir, cet espoir si nécessaire pour regarder les sommets et ambitionner de les atteindre. L'espoir qu'il a fallu, celui qu'il faut toujours et encore chaque jour. Il repose sur la confiance, celle de son entraîneur, celle de son équipe, la confiance en soi qui encourage à agir dans une recherche de performance, de résultat, d'esthétique, de reconnaissance individuels et collectifs. Le vert, c'est aussi la couleur dominante d'une ville engagée depuis plus de quarante ans sur la voie du bien-être, du bien vivre ensemble. Certains l'ont dit : c'est parce qu'on est bien qu'on rapporte des résultats, des médailles, des titres, des distinctions. Alors de là à déterminer que Grande-Synthe est une ville sportive parce qu'on y est bien, il y a peu. Et puis, on pourrait aussi l'expliquer par des chiffres comme ceux du nombre de pratiquants sportifs qui, par-delà les clubs OGS, pour une ville de près de 21.000 habitants, compte plus de 6.000 licenciés, quasiment un tiers de la population, alors d'aucun diront que c'est à cause des équipements, ça donne envie de faire du sport ! Sûrement aussi. Les mauvaises langues diront que cette ville est suréquipée en infrastructures sportives. Ces mauvaises langues pourraient même à force de calculs, de ratios, de comparaisons toujours hasardeuses avec d'autres communes de même taille, le faire croire, oubliant à coup sûr les dimensions sociologique, historique et politique de cette ville.

La chance de Grande-Synthe, c'est d'avoir un jour été l'endroit d'une rencontre. La rencontre de deux militances, celle du sport comme système d'éducation et d'élévation de l'individu et celle du politique avec des idées nobles d'éducation populaire et d'élévation d'une population. L'un avait l'expertise, la connaissance, l'autre une véritable vision de développement et le pouvoir de changer la vie. A eux deux, au fil du temps, ils ont confondu leurs approches, se sont compris, entendus, répondus.

En écrivant cet ouvrage, j'ai beaucoup pensé à un copain, un grand frère parti trop tôt... Il aurait probablement aimé de sa plume faire jaillir les mots pour raconter cette histoire à laquelle il avait pris part...

A Alain Neuville

Ecrit à partir des éléments recueillis auprès de l'OGS,
des clubs et de quelques sources personnelles.
Merci à tous ceux qui ont apporté leur concours pour raconter cette histoire.

© Thierry Fatou

Publication août 2017

Dépôt légal : août 2017

ISBN : 9782322081639

Editeur : BoD – Book on Demand
12/14 rond-point des Champs Elysées, 75008 PARIS
Impression : BoD – Book on Demand, Allemagne
Tous droits réservés